KB166914

세상 모든 것의 기원

세상 모든 것의 기원

초판 1쇄 발행 2023년 10월 6일
초판 7쇄 발행 2024년 8월 21일

지은이 강인욱
펴낸이 유정연

이사 김귀분
책임편집 조현주 **기획편집** 신성식 유리슬아 서옥수 황서연 정유진 **디자인** 안수진 기경란
마케팅 반지영 박중혁 하유정 **제작** 임정호 **경영지원** 박소영

펴낸곳 흐름출판(주) **출판등록** 제313-2003-199호(2003년 5월 28일)
주소 서울시 마포구 월드컵북로5길 48-9(서교동)
전화 (02)325-4944 **팩스** (02)325-4945 **이메일** book@hbooks.co.kr
홈페이지 http://www.hbooks.co.kr **블로그** blog.naver.com/nextwave7
출력·인쇄·제본 삼광프린팅(주) **용지** 월드페이퍼(주) **후가공** (주)이지앤비(특허 제10-1081185호)

ISBN 978-89-6596-597-8 03900

어디에도
없는
고고학
이야기

———

강인욱 지음

세상
모든
것의

the Origins of Everything

기원

흐름출판

충남 부여군 송국리의 돌무덤에서 발견된 비파형동검.

죽어 있는 유물이 들려주는 살아 있는 이야기

우리 일상을 조금만 유심히 살펴보면 호기심 넘치는 질문으로 가득해집니다.

'지금 마시고 있는 막걸리는 누가 처음 만들었을까?', '인삼이 건강에 좋다는 사실을 가장 먼저 알아낸 이는 누구일까?', '우리가 매일 먹는 김치는 언제부터 먹기 시작했을까?'

대부분의 질문은 '누가, 언제부터'에 관한 경우가 많습니다. 말 그대로 시작 또는 기원과 맞닿은 질문이죠. 다양한 학문이 다루는 대다수의 연구 주제도 자연과 인간의 기원에 관한 것입니다. 역사학자는 역사 기록을 토대로 우리의 근원을 탐구합니다. 언어학자는 현재 우리가 사용하는 언어와 남겨진 자료들을 통해 해당 언어의 본질을 밝혀내죠. 기원을 찾기 위해 때로는 손에 닿지 않는 것들을 바라봐야 하는 사람들도 있습니다. 천체물리학자는 거리를 가늠할 수 없는 먼 우주를 바라보며 빅뱅과 같은 우주의 시작을 연구합니다. 생물학자는 현미경을 들여다보며 생명의 신비를 파고들고요.

고고학자의 기원에 대한 연구는 조금 유별납니다. 고고학자의 눈앞에 놓인 유물은 여러 시공간이 겹쳐진 것들입니다. 유물은 오랜 시간의 터널을 지나 오늘날에야 발견되었죠. 그것이 품은 시간은 아주 먼 과거인데요, 세월의 두께를 가늠할 수 없는 그 물건이 바로 '지금, 여기'를 사는 우리에게 오래전 이야기를 들려줍니다. 저와 같은 고고학자들은 그 이야기를 언어로 풀어내 여러분께 전달하는 사람들인 거죠.

박물관에 전시된 고고학 유물에 대한 배경지식이 없는 사람이 그 유물의 진면목을 알아차리기란 사실 거의 불가능합니다. 고조선을 증명하는 유물인 비파형동검을 생각해볼까요? 전시실에 진열된 비파형동검의 모습은 그다지 멋들어지지 않습니다. 심지어 시퍼렇게 청동 녹이 슬었기에 볼품없다고 여기는 사람도 있습니다. 외양만 봐서는 이 유물이 어떤 점 때문에 한반도 최초의 국가인 고조선을 증명하는지 단번에 이해할 도리가 없습니다. 하지만 고고학자의 전문가적 지식과 스토리텔링이 더해지면 낡고 녹슨 이 비파형동검은 새로운 생명을 얻게 됩니다.

제작되었을 당시만 하더라도 이 칼은 찬란한 빛을 뽐냈으며 화려한

장식으로 치장된 칼집에 들어 있었다.

이 검을 찬 사람은 때가 되면 하늘에 제사를 올리는 높은 신분의 인물이었다.

이 칼은 무기이자 신의 뜻이 반영된 샤먼의 도구로 사용되었을 것이다.

이처럼 오랜 시간의 벽을 뚫고 세상에 나온 유물은 고고학자를 통해 여러 겹의 이야기를 새로 지어 입습니다.

여기에서 한 가지 짚고 넘어가야 할 사실이 있습니다. 많은 분들이 역사학과 고고학을 같은 학문이라고 생각합니다만 이 둘은 엄연히 다릅니다. 대체로 역사학은 역사 기록을 바탕으로 합니다. 예컨대 '세종대왕이 훈민정음을 창제했다'라는 문장은 후세까지 남겨진 역사 기록을 바탕으로 재구성한 것입니다. 반면, 고고학은 발굴된 유물에 근거합니다. 새로운 유물들은 기존의 이야기를 더욱 풍성하게 만들어줍니다. 때로는 기존의 이야기를 전혀 다른 방향으로 뒤집기도 하죠. 유물은 인류가 미처 기록해두지 못한 역사의 구멍 난 부분을 메워주는 탁월한 퍼즐 조각이자 그 자체로 옛이야기를 고스란히 보관하고 있는 타임캡슐이라고 할 수 있습니다.

이 책은 집필 과정이 굉장히 자유로웠습니다. 어떤 체계적인 틀을 잡고 시작했다기보다 '기원을 알려주는 유물 이야기'라는 하나의 방향성을 잡은 뒤, 여기에 걸맞은 자료나 주제가 보이면 그때마다 즉흥적으로 글을 써나갔습니다. 피아노 연주에 비유하자면 재즈 연주와 같다고 해야 할까요. 그래서인지 쓸 때는 즐거웠는데, 한 권의 책으로 정리를 하려고 보니 다소 혼란스러운 감이 있었습니다. 이 원고들을 어떻게 엮을 수 있을까 고민하던 차에 한 음악이 이 책의 구성에 대한 영감을 선사했습니다. 바로 재즈 아티스트 마일스 데이비스가 1956년에 단 두 번의 녹음으로 완성해낸 4부작 앨범인 〈Relaxin'〉, 〈Steamin'〉, 〈Workin'〉, 〈Cookin'〉입니다. 거친 듯 살아 있고, 즉흥적이지만 다양한 느낌을 표현해낸 마일스 데이비스의 연주를 듣는 동안 각각의 유물을 적절한 범주로 나누어 봐도 좋겠다는 생각이 들었습니다.

이 책에서는 서른두 가지의 유물을 '잔치(Party)', '놀이(Play)', '명품(Prestige)' 그리고 '영원(Permanence)'이라는 네 가지 키워드로 나누었습니다. 각각의 키워드는 우리 삶의 커다란 네 가지 축인 '먹고' '즐기고' '욕망하고' '죽음을 대하는' 모습을 하나의 단어로 압축한 것입니다. 고고학 유물들과 이들이 들려주는 이야기를 통해 오래전 사람들도 오늘날 우리와 비슷한 삶을 살았음을 독자들에게 전하고 싶었습니다.

어릴 때 인상적으로 읽었던 옛이야기가 있습니다. 제목조차 기억나지 않는 이야기의 줄거리는 대강 이렇습니다. 어떤 마을에 한 부인이 살고 있었습니다. 그녀의 남편은 원수와 싸우고자 길을 떠난 뒤 감감무소식인지 이미 오래입니다. 기다리다 지친 부인은 결국 남편을 직접 찾아 나서게 됩니다. 갖은 우여곡절 끝에 부인이 찾은 것은 남편의 앙상한 해골뿐이었습니다. 부인은 깊은 슬픔에 잠겨 어찌할 바를 몰라 하다가 문득 머릿속에 환한 불이 켜집니다. 그녀가 남편을 찾으러 떠난 길에서 만난 한 도인이 그녀의 자초지종을 듣고 건네준 약병 세 개가 생각난 것이죠. 노인이 말하기를, 병에는 사람을 살리는 물약이 담겼다고 했습니다. 부인은 반신반의하며 남편의 해골에 약을 차례로 부었습니다. 흰색 병에 담긴 물약을 붓자 해골에서 살이 다시 차올랐습니다. 파란색 병에 담긴 물약을 붓자 이번에는 머리털과 손톱이 나왔습니다. 마지막으로 붉은색 병에 담긴 물약을 붓자 피가 돌면서 남편이 눈을 떴습니다. 이후 생사의 경계를 뛰어넘어 극적으로 재회한 부부가 백년해로했다는 이야기입니다.

믿거나 말거나 한 옛이야기이지만 가끔 유적지에서 인골이나 유물을 마주할 때면 늘 밑도 끝도 없이 어린 시절 읽었던 이 옛이야기가 떠오르곤 했습니다. 이 이야기 속에 고고학자가 하는 일의 본질이 담겨 있는 것은 아닌가 하는 생각도 들곤 했죠. 남편의 해골에 재생의 물약을 부어 남편에게 새로운 생명을 가져다준 부인처럼 고고학자는 대체로 그 형태가 온전치 않은 유물에 자신의 지식과 상상력을 들이부어 살아 숨 쉬는 이야기를 꺼내는 사람이 아닐까, 저는 줄곧 그렇게 생각해오고 있습니다.

인간은 역사의 동물입니다. 과거를 통해서 미래를 내다보기 때문이죠. 증권사 애널리스트는 과거 주가의 등락을 근거로 앞날을 예측합니다. 판사는 판결을 내릴 때 반드시 이전 판례를 참고하고 현재 상황을 고려합니다. 의사도 진찰과 치료를 할 때 이전의 임상을 토대로 삼습니다. 이처럼 인간이 미래를 판단하고 예측할 수 있는 가장 확실한 근거는 바로 우리가 지나온 과거입니다.

우리는 흔히 과거와 미래를 단절된 시간이라고 생각하는 경향이 있습니다. 하지만 현실에서 시간은 그렇게 흐르지 않습니다. 과거는 현재와 이어지고, 현재는 다시 미래로 이어집니다. 또한 미래는 다시 과거의 반복일 때도 있습니다. 마치 뫼비우스의 띠처럼 말이죠.

이 책에서 풀어낸 서른두 개의 유물 이야기는 옛이야기인 동시에 오늘을 사는 우리들의 이야기이기도 합니다. 제 이야기가 이 책을 읽는 독자들의 일상과 옛사람들의 일상을 이어주는 다리 역할을 하기를 바라봅니다. 숨어 있는 유물 속에서 우리 삶의 여러 장면을 끌어올려 만든 이 이야기를 많은 독자들이 재미있게 즐길 수 있다면 저자로서 그보다 더한 기쁨은 없을 것 같습니다.

마지막으로 이 책이 나오는 데에 도움을 주신 여러분들께도 감사를 드립니다. 무엇보다 가장 큰 기쁨은 이 책이 《강인욱의 고고학 여행》으로 저와 인연을 맺은 흐름출판에서 나온다는 것입니다. 한결같이 저를 믿고 함께한 조현주 부장님과 흐름출판 관계자들께 감사를 전합니다. 이번에도 추천의 글을 써주신 유홍준 선생님, 그리고 멀게만 느껴지는 고고학에 대한 이야기를 연재할 수 있게 도와준 동아일보의 김상운, 김영식 기자 및 오피니언 담당 기자님께 감사를 전합니다.

2023년 9월 회기동 연구실에서
강인욱

차례
Contents

I.
잔치 Party ✦ 요리하고 먹고 마시다

II.

놀이 Play ✦ 놀고 즐기며 유희하다

III.

명품 Prestige ✦ 부와 아름다움을 추구하다

IV.

영원 Permanence ✦ 영원한 삶을 욕망하다

I

잔치
Party

요리하고 먹고 마시다

막걸리

막걸리와 맥주는

사실

같은 술이었다?

1달러에 기적을 맛보게 하는 술

2019년 유학 시절부터 알고 지내던 러시아 동료 고고학자가 한국에 온 적이 있다. 한국에 올 때마다 삼겹살에 소주를 즐기는 친구였기에 저녁 식사 장소는 이미 마음속으로 정해둔 터였다. 식사를 하러 자리를 뜨려던 찰나, 러시아 친구가 이렇게 물었다.

"1달러의 기적 같은 술이 진짜 있어?"

무슨 말인가 싶었는데, 친구가 상기된 표정으로 설명을 이어나갔다. 한국에 오래 살았던 러시아 지인의 말을 들었다면서, 한국 내에서 어디에서나 쉽게 구할 수 있는 술이 있는데, 플라스틱 병에 담겨 있고, 가격도 1달러 정도이지만 정말 꼭 먹어봐야 한다고 추천했다는 것이다. 시원하게 해서 먹으면 토카이(헝가리의 화이트 와인으로 달콤한 맛이 특징)의 청량감이 느껴지는 데다 독특한 곡물향은 덤이고 여기에 유산균도 풍부해서 건강에도 좋다고 말이다.

친구가 말한 술은 막걸리였다.

사실 러시아인들에게 싼 술은 절대 피해야 하는 위험한 것을 뜻한다. 구소련 시절, 금주령을 피해 메틸알코올이 든 밀주를 먹다가 종종 인명 사고가 났기 때문이다. 그런데 맛도 좋고 영양도 풍부하고 게다가 가격까지 싸다고? 친구는 지인의 말이 다소 과장된 것이라고 생각하면서도 혹시나 싶어 내게 물어본 것이었다. 그 말을 들은 나는 계획을 바꿔 친구에게 파전과 막걸리를 대접했다. 나의 러시아 친구는 그동안 이렇게 좋은 술을 자신에게 단 한 번도 대접하지 않았다며 농담 반 진담 반으로 서운해했다.

제사에 쓰인 막걸리

막걸리는 우리나라의 대표적인 탁주다. 탁주는 증류주를 만들기 전, 세계에서 공통적으로 만들어 마신 주종이다. 막걸리의 기원에 대해서는 정확히 밝혀진 것이 없다. 술 자체가 고고학 유적에 남아 있는 경우가 거의 없기 때문이다. 다만, 여러 정보를 조합해 처음으로 만들어 먹기 시작했던 시기를 짐작할 수는 있다. 막걸리의 기원을 따져보자면, 주재료인 쌀이 재배되기 시작한 이후에야 만들어 마셨을 테니 우리나라에서 쌀이 재배되기 시작한 시점, 즉 지금으로부터 3,000년 전 이후부터 주조했다고 보는 게 적절할 것이다. 하지만 막걸리 재료가 꼭 쌀뿐인 것은 아니므로 그

전부터 만들어 먹었을 가능성도 배제할 수는 없다.

학사들의 연구에 따르면 대체로 후기 구석기시대에 빙하기가 끝나가면서 곡물이나 구근류(칡이나 감자같이 뿌리를 먹는 식물), 과일이 풍부해지면서 자연스럽게 술을 만들게 되었다고 본다. 근동 지역에서는 1만 5,000년 전부터 야생에서 풍부하게 자라는 밀을 이용해 맥주를 만들었고, 이후 이집트 문명에서도 맥주를 널리 만들어 마셨다. 그런데 이때의 맥주는 지금처럼 청량하고 맑은 음료가 아니었다. 오히려 탁하고 걸쭉한 막걸리 같은 것이었다. 즉, 초기에는 맥주와 막걸리가 같은 종류의 술이었다.

유물로 현전하지 않는 술에 관한 정보를 고고학에서 알아내는 방법은 크게 세 가지다. 술을 만들고 담아둔 그릇을 발굴하는 것, 그릇에 남아 있는 술 찌꺼기를 찾아내는 것, 마지막으로 술을 마시거나 만드는 모습이 그려진 그림이나 벽화를 찾는 것이다.

중국에서는 허난성 자후(賈湖, Jiahu) 유적에서 막걸리를 담았던 흔적이 남은 토기가 발견되었다. 출토된 토기 바닥에 남겨진 찌꺼기를 분석하니 쌀에 꿀과 과일을 섞은 막걸리였음이 밝혀졌다. 꿀과 과일은 발효를 위해 효모 대신 넣은 재료들이었다. 밀랍이나 당분이 풍부한 포도 같은 과일 껍질에는 맥주효모균이 붙어 있는데, 이 균들이 곡물 속 전분과 결합하고 발효되면 술이 만들어진다. 자후 유적의 제단 인근에 묻힌 17개의 토기를 분석해보니 모두 비슷한 성분의 쌀과 과일이 검출되었다. 학자들은 제단 근처에 술독을 묻어서 잘 관리하다가 제사 때가 되면 그것을 꺼내어 함께

| 자후 유적에서 발굴된 술이 담겼던 토기.

마시면서 신이나 조상에게 제사를 지낸 것으로 추정한다. 자후 유적의 토기를 통해 제사 때 음복하는 풍습의 역사가 1만 년 가까이 거슬러 올라가게 된 것이다.

한국에서도 제사 시 음복하는 모습이 새겨진 유물이 발굴되었다. 대전에서 발견된, 약 2,500년 전에 만들어진 이 청동기 유물에는 농사짓는 장면이 새겨져 있다. 솟대에는 새가 앉아 있고, 그 앞쪽에는 벌거벗은 채로 밭을 가는 사람들이 보인다. 그리고 밭을 가는 사람들 옆에는 술 단지가 놓여 있다. 이 청동기는 어딘가에 걸 수 있게 만들어졌는데, 샤먼이 이 청동기를 몸에 걸치고 매년 풍년을 기원하는 제사를 지냈을 것으로 추정한다. 밭을 가는 모습도 진짜 밭을 가는 장면이라기보다는 풍년을 기원하며 밭을 가는 일종의 의례를 행했던 것으로 짐작된다.

빨대로 빨아 마신 맥주

맥주와 막걸리는 사뭇 다르다. 탁한 막걸리와 달리 맥주는 청량감이 있는 시원한 맛이 특징이기 때문이다. 하지만 고대인들이 마시던 맥주는 막걸리와 마찬가지로 탁하고 걸쭉한 액체였다.

100여 년 전, 고대 메소포타미아 수메르 유적에서 맥주를 즐기는 모습이 묘사된 4,600년 전의 인장(seal)이 발견되었다. 지금의 맥줏집과 크게 다르지 않는 모습이다. 종업원이 따라주는 술을 받아서 혼자 홀짝대며 마시는 혼술족이 있는가 하면, 둘이 앉아서 담소를 나누며 맥주를 마시는 장면도 있다. 빨대의 수로 보아 아마 4명까지 마셨을 것 같다. 마치 대용량으로 술을 시키는 지금의 맥줏집과 너무나 흡사하다. 맥주를 빨대에 꽂아 마시는 이유는 막걸리처럼 탁하기 때문이었다.

빨대로 맥주를 마셨음을 보여주는 유물은 수메르 유적뿐 아니라 유라시아 초원 일대에서도 발견되었다. 2022년 1월, 러시아 카프카스 초원 지역의 약 5,500년 전 무덤에서는 청동으로 만든 빨대가 발견되었다. 마이코프 문화라 불리는 이 유적은 사실 130년 전에 이미 발굴된 것이었다. 당시 무덤 주인공의 옆에서 청동 막대기가 발견되었고, 막연히 청동비녀와 같은 장식이라고 생각했

기원전 1300년경 맥주를 마시는 장면이 그려진 벽화. 이집트 제18왕조로 추정된다(독일 베를린박물관 소장).

4,600년 전 수메르인의 인장에 묘사된 빨대로 맥주를 마시는 모습.

을 뿐 그 끝에 구멍이 뚫린 건 미처 몰랐던 것이다. 하지만 최근 이 유물을 다시 분석한 결과, 구멍이 뚫린 쪽에서 보리 분말 흔적이 발견되었다. 맥주를 만드는 주재료인 보리의 기원이 근동이니 그곳의 맥주가 아마 카프카스 지역까지 전래되었던 것 같다. 즉, 이 무덤은 고고학 자료로 확인된 세계 최초의 맥주 애호가의 무덤인 셈이다.

막걸리의 영원한 친구 도토리묵은 1만 년 역사를 가진 안주?

막걸리 하면 빼놓을 수 없는 안주가 바로 도토리묵이다. 그런데 이 도토리묵이 1만 년의 역사를 가진 안주라면? 도토리는 온대 지방에서 가장 흔하게 자라는 참나무의 열매다. 그런데 도토리는 열매를 통째로 바로 먹기 어렵다. 떫고 쓴맛을 내는 타닌(tannin) 성분 때문이다. 도토리를 먹으려면 물에 불리거나 갈아서 타닌을 제거하는 과정을 거쳐야 한다. 따로 농사지을 필요 없이 숲에 가서 줍기만 하면 될 만큼 구하기 쉽지만, 작고 단단한 열매를 까서 물에 불리고 갈아 가루로 만들어 음식으로 해 먹기에는 무척 번거로운 곡물이었다.

하지만 신석기시대가 되면서 사정이 달라진다. 빙하기가 끝난 1만 2,000년쯤 전에 세상은 지금과 같은 자연환경으로 바뀌었고,

경남 창녕군 비봉리 유적에서 발견된 8,000년 전 도토리를 불리던 흔적.
흐르는 물에 담가 타닌을 제거했다.

사람들은 매머드를 사냥하는 대신 울창한 숲에서 마을을 이루며
살게 되었다. 온대지방의 경우 가을에 사방에서 우수수 떨어지는
도토리는 농한기인 추운 겨울을 나게 해주는 고마운 식량 자원이
었다.

경남 창녕군 비봉리에서 발견된 8,000년 전 신석기시대 유적에
서는 흐르는 물에 도토리가 담긴 망을 넣어서 타닌을 빼고 도토리
를 가공했던 것으로 추정되는 살림터가 발견되었다. 도토리를 묵
형태로 가공해서 먹는 나라는 전 세계에서 우리나라뿐이다. 가까

운 중국이나 일본에도 도토리묵이라는 요리가 없다.

세계의 수많은 고고학자들은 신석기인들이 도토리를 먹었다는 사실을 알지만 그것을 가공한 식품을 실제로 먹어본 적이 없다. 그래서 해외에서 한국을 찾은 고고학자들과 막걸리를 마시게 되면 나는 꼭 도토리묵을 소개한다. 맛을 본 동료들은 젤리처럼 독특한 식감을 지닌 안주가 1만 년의 역사를 지닌 그 전설의 음식이냐며 경탄한다. 그러니 자부심을 가져도 좋다. 우리는 1만 년 동안 이어진 고고학적 안주를 보유한 나라의 후손들이니 말이다.

신이 내린 자연의 선물,

'더 맑게' 진화하다

술은 인간의 역사와 함께 시작된 자연의 선물이다. 과일이나 곡물 속 당분을 효모가 분해하면 알코올이 자연스럽게 만들어지기 때문이다. 하지만 인간은 자연발생적으로 만들어진 술을 마시는 것에서 그치지 않았다. 인류는 더 맛있고, 더 잘 취하고, 더 독한 술을 만들고 향유하기 위해 끊임없이 노력했다. 그 대표적인 사례가 소주다.

소주는 증류주다. 증류는 액체를 가열해 기체로 만든 다음, 그것들을 모아 다시 냉각시켜 액체로 만드는 과정이다. 물질마다 끓는점이 다르다는 차이를 이용하면 여러 성분이 섞인 혼합물로부터 각 성분을 분리, 추출할 수 있다. 증류주를 만들려면 노력과 시간이 필요할 뿐만 아니라 발달된 과학기술이 필요했다. 독하지만 맑은 술이자 만드는 데 공이 많이 드는 고급 술, 소주는 실크로드를 통해 동서양을 넘나들며 애주가들의 사랑을 받았다. 이 소주에는 수천 년 동서 문명의 교류를 살펴볼 수 있는 비밀이 숨겨져 있다.

소주의 기원은 만주다

소주의 기원을 한마디로 정의하기는 어렵다. 증류 기술은 어느 날 갑자기 만들어진 것이 아니라 수천 년에 걸쳐 형성된 것이기 때문이다. 하지만 기호품으로서 증류주가 널리 퍼진 것은 몽골제국 이후이기 때문에, 몽골을 소주의 기원이라고 보는 것이 일반적인 견해다. 그런데 최근 우리가 흔히 '배갈'이라 부르는 증류주(백주)의 기원이 중국이라는 주장이 중국 고고학계에서 대두되었다.

2006년, 만주 송화강 평원 한가운데 위치한 지린성 다안의 한 백주 공장 건물 증축 현장에서 거란시대의 술고리(술을 빚는 솥과 쟁반)가 발견되었다. 심지어 그 옆에서는 10~11세기에 만들어진 것으로 추정되는 4,000개의 동전이 그득한 돈 항아리까지 나왔다.

고고학자들은 발굴된 술고리를 복원했다. 복원된 술고리로 술을 빚어서 두 번 거르니 요즘 마시는 술과 거의 비슷한 도수인 40~50도의 증류주가 만들어졌다. 이 결과를 두고 중국 당국은 백주가 서방에서 전해진 것이 아니라 중국 자체 발명품이라고 대대적으로 홍보했다.

하지만 만주 평원 지대인 지린성에서 출토된 유물을 근거로 백주가 중국에서 기원했다고 말하기는 어렵다. 당시 이 지역은 중원과는 먼 곳이었다. 오히려 이곳은 고려시대 우리와 북쪽으로 인접했던 거란이 살던 지역이다. 따라서 중원이 아닌, 만주에서 역사

만주에서 발견된 최초의
소줏고리.

상 첫 번째 소주를 만들었다고 보는 것이 맞다. 그렇다면 새로운
질문을 던져보자. 왜 하필 거란에서 세계 최초의 증류주가 만들어
졌을까?

거란이 세계 최초의 소주를 만들 수 있었던 이유는 바로 그들
의 생활 방식(유목민)과 지리적 환경(만주) 때문이다. 증류주는 순
도가 높은 술이기 때문에 많은 양을 갖고 다니지 않아도 소기의
목적을 달성할 수 있었다. 즉, 유목 생활을 하는 이들에게는 휴대
가 편한 술이었다. 또한, 만주는 겨울이 긴 지역이어서 증류 과정
중 냉각 시 필요한 얼음을 구하기 쉬웠다. 만주 일대에는 농사를
짓는 사람들도 함께 살았기 때문에 누룩과 같은 술을 만들기 위한
재료를 구하기도 쉬웠다. 한마디로 소주를 대량 생산하기에 최적
의 조건이었다는 의미다.

유목 민족이었던 거란은 거대한 제국을 만들고 몽골까지 진출
하여 실크로드를 통해 중앙아시아와 다양한 교류를 했다. 그 무렵

아랍인들은 이미 증류 기술을 갖고 있었다. 한반도의 신라 역시 증류 기술을 갖춘 아라비아와 페르시아 상인들과 활발한 교류를 했지만 소주를 만들어 마셨다는 증거는 없다. 고려는 거란과 여진으로부터 술을 포함해 많은 물산을 수입했다. 그렇다면 몽골 침략 이전, 이미 만주에서 발원한 증류주가 고려로 들어왔을 가능성도 충분하다.

소주로 하나 된 세계,
그 이면에 숨은 몽골제국의 의도

소주가 '세계의 술'이 된 것은 몽골제국 건국 시기부터다. 거대한 제국이었던 몽골의 정복 활동과 역참으로 세계는 하나가 되었다. 동서양 할 것 없이 몽골제국의 영향력이 미친 곳에서는 저마다의 방법으로 증류주를 만들었다. 황실에서 증류주 제조를 관리했던 거란과 달리 몽골제국은 증류 기술을 숨기지 않고 널리 확산시켰다. 여기에는 어떤 의도가 있었을 것이다. 수많은 정복지에 소주 제조법을 전해주면 현지인들이 그 소주를 즐기는 가운데에 자연히 몽골제국에 대한 반감을 누그러뜨릴 것이라는 전략이었다. 일종의 동화 정책이다.

피지배인들을 알코올로 다스렸던 것은 몽골뿐만이 아니었다. 오죽하면 '술 식민주의(alchoolosialisme)'라는 용어가 따로 있을 정도다. 지배 국가가 피지배인들에게 술을 공급하여 저항의 의지를 상실시키는 식민주의 전략이다. 러시아가 시베리아 원주민을 정복할 때, 유럽인들이 신대륙을 정벌할 때, 현지인의 반발을 누르고자 사용한 방법이 바로 술을 전파하는 것이었다.

몽골제국의 영향력은 소주를 뜻하는 단어 '아라기'를 통해 짐작할 수 있다. 몽골, 카자흐스탄, 튀르키예 등 유라시아 대부분의 지역은 물론이고, 동남아 일대에도 증류주를 가리키는 말에 '아라기'의 흔적이 남아 있다.

우리나라의 경우 고려에서 소주를 '아랄길(阿剌吉)'이라고 표현한 기록이 존재한다. 경상도 일대 방언에서는 '아라기'가 술 또는 술지게미를 가리킨다. 아라기는 아랍 지역의 증류 시설인 '알렘빅'에서 유래했는데, 이는 아랍어로 '땀'이라는 뜻이다. 증류 과정에서 술이 한 방울씩 떨어지는 모습이 마치 땀과 같았기 때문이다.

비슷한 맥락에서 우리나라는 소주를 '이슬'에 비유하곤 한다. 고려 시인 목은(牧隱) 이색이 자신의 시에서 소주를 이슬로 표현한 이래 지금까지 이어지고 있다. 이 역시 불순물을 걸러내고 정화된 술을 만드는 증류 과정을 담고 있는 비유다. 오늘날 우리가 인터넷으로 소통하기 훨씬 전에 이미 세계는 소주(증류주)로 대동단결하고 있던 셈이다.

소주 한잔의 여유와 대화가 필요한 때

증류주 하면 폭탄주 이야기를 빼놓을 수 없다. 폭탄주의 핵심은 증류주와 도수가 낮은 술을 섞어서 적은 양으로 빠르게 취하게 만드는 것이다. 한국의 폭탄주 문화는 20세기 이후 러시아에서 시작된 문화가 유입된 것이지만, 사실 폭탄주의 기원은 수천 년 전으로 거슬러 올라간다.

오래전 고대 사제들은 다양한 술과 약을 섞어 마셨다. 신과 소통하기 위한 목적으로 취한 상태(환각 상태)가 되기 위함이었다. 3,000년 전 조로아스터교 사제들은 '실로시빈'이라는, 환각 버섯에서 추출한 물질과 '소마'라는 알코올음료를 섞어 먹었다. 흑해 연안에서는 약 2,500년 전 스키타이인들이 사용하던, 마약과 대마초 성분이 담긴 작은 황금 잔들이 발견되기도 했다.

동서양을 가로지르며 완성된 증류 기술은 소주로 비로소 완성되었으니 실크로드는 곧 '소주의 길'이라고도 할 수 있다. 인류 역사에서 술만큼 서로 간의 경계를 누그러뜨리게 만드는 음식은 없었다. 게다가 증류주는 도수가 높아서 적은 양으로도 많은 사람이 즐길 수 있었으니, 거칠고 험한 실크로드를 오가느라 지친 사람들에게는 고마운 존재였을 것이다.

우리가 마시는 소주에는 동서 문명을 가로지르며 교류하던 인류의 지혜와 삶의 애환이 담겨 있다. 과음이 건강에 좋지 않다고는 하지만 서로에게 총칼을 겨누는 것보다는 술잔을 기울이며 서로를 이해하는 자리를 갖는 편이 백배는 더 낫지 않을까? 흉흉한 국제 전쟁 소식들 틈에서 소주의 길을 통해 왕래하던 옛 시절을 그리워하게 되는 것은 지나친 감상일까?

북반구를 따라 이어지는
'푸드 로드'

최근 김치의 원조 국가가 어디인지를 둘러싸고 한국과 중국 사이에 논란이 있었다. 사실 김치처럼 채소를 발효시킨 음식은 수천 년 전부터 유라시아 일대에서 동시다발적으로 발생했기 때문에 기원을 추적하는 것에 큰 의미가 없다. 중국은 물론이고 유럽과 시베리아 등지에서도 김치와 유사한 음식을 쉽게 찾아볼 수 있다. 그럼에도 김치가 한국을 대표하는 음식으로 세계에 각인된 이유는 지난 수천 년간 다른 나라에는 없는 한국만의 독특한 김치 문화를 발달시켜왔기 때문이다.

3,500년 전 빗살무늬토기로 만든 김장독

연해주는 근대 이후 고려인들이 살기 이전부터 한반도 동북한 지역과 동일한 역사와 문화를 가진 곳이다. 2004년, 연해주의 '레티호프카'라는 지역에서 3,500년 전 빗살무늬토기를 사용하던 사람들의 마을이 발굴되었다. 그중 한 집을 골라 발굴해보니 특이한 점이 눈에 띄었다. 10평 남짓한 공간에 사람이 살 만한 자리는 거의 없었고 거대한 항아리들만 잔뜩 묻혀 있었던 것이다. 당시 발굴에 참여한 고고학자 김재윤(영남대학교 교수)은 이 유적이 사람이 거주하던 집이 아니라 저장고라고 결론을 내렸다.

그렇다면 항아리 안에는 무엇을 저장했을까? 그곳에서 발견된 토기 중 사람이 두 팔로 안을 수 없을 정도로 거대한 토기 하나에는 곡물과 바가지가 들어 있었다. 반면, 그 주변의 다른 토기들에는 곡물이 담겼던 흔적이 없었다. 아마도 그 토기들에는 겨울을 나기 위한 곡물 외에 다양한 염장 채소와 고기가 담겨 있었을 것이다.

연해주와 함경도 일대에서는 약 5,000년 전부터 빗살무늬토기를 빚었던 사람들이 농사를 지으며 살았다. 하지만 이 지역은 점차 기후가 추워지면서 위기를 맞는다. 지금으로부터 3,500년 전은 추운 기후가 최고조에 달하던 시기였다. 이 무렵 연해주와 동북한 지역의 집터에서는 거대한 항아리들이 다수 발견되었지만, 발굴되는 곡물은 적었다. 이 시기를 살던 사람들은 추워진 기후에 따라 농사 대신 사냥을 해야 했고, 기나긴 겨울을 견디기 위해 커다란 항아리에 많은 음식을 보존해야 했을 것이다.

월동 음식으로 풍부한 비타민을 함유한 김치 같은 발효 채소가 빠질 수 없다. 약간의 상상력을 발휘한다면, 레티호프카의 저장

| 레티호프카 발굴 사진.

발해 유적에서 발견된 저장 채소를 담았던 항아리(크라스키노 유적).

구덩이는 마을의 김장독 같은 역할을 했던 것은 아닐까? 이후에도 옥저에서 발해로 이어지던 시대의 마을로 추정되는 이 지역 집터에서는 빠짐없이 거대한 항아리가 집 근처에 묻힌 채로 발굴되었다. 내가 크라스키노(Kraskino) 발해 성터 발굴에 참여했을 때도 집 근처에서는 늘 거대한 항아리들이 발견되었다. 함께 발굴 작업을 하던 러시아 학자들도 입을 모아서 그 항아리들이 '고려인들의 김장독'과 똑같다며 신기해했다. 겨울이 매섭고 긴 지역에서 마을을 이루며 농사를 지었던 우리 민족에게 이런 저장 토기는 필수품이었을 것이다.

절임 배추, 유라시아인을 살리다

앞서도 말했지만 유라시아를 중심으로 동서양 곳곳에서는 김치와 매우 유사한, 배추를 발효시킨 음식들이 널리 유행한다. 가령, 독일의 사우어 크라우트, 오스트리아 알자스 지역의 슈쿠르트, 러시아의 절임 양배추(카푸스타)와 그것을 넣어 끓인 수프(시)가 그것들이다. 이 '시'라는 수프는 고춧가루를 조금만 더 넣으면 김치찌개와 흡사한 맛이 난다.

값도 싸고 양도 푸짐한 배추를 절여서 만든 음식은 러시아인들에게 단순한 요리가 아니었다. 고기를 쉽게 먹기 어려웠던 가난한 러시아 농민들의 배를 따뜻하게 채워주는 영혼의 수프였다. 하지

레티호프카에서 발견된
저장 토기들.

만 러시아인들이 한국과 김치로 원조 논쟁을 벌이지는 않는다.

러시아인들은 오히려 고려인들의 김치라고 할 수 있는 한국식 당근 샐러드를 무척 좋아한다. 이들은 한국 음식 하면 한국식 당근 샐러드를 가장 먼저 떠올릴 정도다. 이 한국식 당근 샐러드는 19세기 말 러시아로 이주한 고려인들이 만들어 먹은 음식이다. 당시 극동과 사할린으로 이주한 한국인들은 김치 대신 주변에서 구할 수 있는 다양한 채소를 절여서 먹었다.

이들은 이후 스탈린 집권 시절 카자흐스탄으로 강제 이주를 당하자 황무지에서 구할 수 있었던 몇 안 되는 채소로 김장을 하곤

했다. 이러한 고려인들의 전통은 유라시아 일대에서 기나긴 겨울 내내 채소를 먹을 수 있는 방법으로 널리 사랑받으며 구소련 일대에 널리 퍼졌다. 우크라이나에서 타지키스탄과 흑해 연안 그리고 북극해 일대에 이르는 지역에서까지 고려인들이 유행시킨 이 특유의 채소 절임 샐러드를 만날 수 있다.

한국식 당근 샐러드이든 러시아의 '시'이든 모두 유라시아 대륙의 사나운 겨울을 견디기 위한 민중들의 음식이었다. 이름은 달라도 유라시아 각지의 김치와 비슷한 절임 채소 요리에는 민초들의 억척스러운 생활력이 숨어 있다.

과연 중국에서 김치가 기원했을까?

절임 배추 요리는 러시아를 비롯한 유라시아 대륙 외의 지역에서도 찾아볼 수 있다. 중국에서도 김치와 비슷한 음식을 매우 이른 시기에 만들어 먹었던 기록이 있다. 약 2,250년 전에 쓰인 《여씨춘추》라는 책에 따르면 3,000년 전 주나라 문왕이 절임 채소(菹)를 먹었다고 한다. 흥미로운 것은 그로부터 600년 뒤의 인물인 공자가 주나라 문왕을 따라 하기 위해서 이 절임 채소를 먹었지만 억지로 3년을 먹은 뒤에야 비로소 즐기게 되었다는 기록이다. 공자가 예를 다하기 위해 억지로 3년이나 먹고 나서야 비로소 그 맛에 적응했다는 말은 절임 채소 음식이 중국인들의 기호와는 다소 맞지 않았다는 뜻으로 해석할 수 있다.

주나라는 원래 중국 서북방 초원에서 살던 사람들이 점차 중원으로 밀려와서 정권을 잡고 세운 국가다. 반면, 공자는 산둥반도 사람이다. 초원과 맞닿은 북방 지역의 사람들이 오랜 겨울을 나기 위해서 야채를 절여 먹었다는 것은 곧 절임 채소 요리가 중원의 전통이 아님을 반증한다. 사실 배추를 비롯해 야채를 절여 먹는 전통은 세계 곳곳에서 발견된다. 신석기시대 중국은 물론이고 인도, 스위스에서도 배춧과 식물의 흔적이 발견되었다. 야채를 장기간 저장할 수 있는 방법은 햇볕에 바짝 말리거나 절여서 발효시키는 것이 유일한 방법이기 때문이다.

수많은 절임 채소 요리 중에서도 배추를 절여 먹는 음식으로는 김치만큼 유명한 것이 없다. 하지만 놀랍게도 동아시아에 배추가 유입된 시기는 상당히 늦다. 현재 우리가 알고 있는 배추는 고려나 조선시대가 되어서야 한반도에 전해진 것으로 본다. 그뿐만이 아니다. 우리가 오늘날 가장 많이 먹는, 고추를 넣은 매운 김치의 역사는 400년, 통배추를 버무린 김장의 역사는 150년 남짓밖에 지나지 않았다. 그럼에도 불구하고 그 사이에 김장은 한국을 대표하는 문화로 자리를 잡았다. 김치가 한국을 대표하는 음식이 된 것은 특별한 레시피 때문이 아니다. 그보다는 김치라는 음식 안에 한반도의 지리적 환경을 최대한 활용하여 삶을 이어나간 우리 조상들의 지혜가 담겨 있기 때문일 것이다. 한국 김치에만 들어가는 젓갈은 그 지혜의 정수다.

젓갈은 한국 김치만의 독특한 풍미를 만들어내는 일등 공신이다. 삼면이 바다로 둘러싸인 한반도에서는 생선 발효 문화가 발달했다. 한반도의 서남해안은 말할 것도 없고 고려인들의 음식 문화에서도 가자미식해(식해는 생선에 약간의 소금과 밥을 섞어 숙성시킨 식품을 가리킨다)가 발달했다. 중국 기록에도 한 무제가 동이족의 땅에서 젓갈류의 맛에 반해 '축이(오랑캐를 몰아냄)'라고 이름을 붙일 정도였다고 한다. '오랑캐를 몰아낸다'라는 말의 뜻은 '오랑캐의 맛을 따라간다'라는 의미이기도 하다. "돼지 한 마리 잡으러 갈까?"라는 말이 "돼지고기 먹으러 갑시다"라는 말로도 통하는 것과 같은 이치인 셈이다. 전 세계의 수많은 채소 절임 요리 중에서도 한국의 김치만큼 다양한 젓갈류로 그 풍미를 끌어올린 것은 거의 없다.

원조 논란보다 중요한 것

이처럼 사람들은 약 1만 년 전부터 자신이 사는 지역의 기후와 환경에 맞춰 저마다 독특한 발효 음식을 발명하고 보급해왔다. 인류가 발효 음식을 만들어 먹었다는 증거는 고고학의 발달로 전 세계 각지에서 발견되고 있다. 고고학 연구 자료가 쌓이면 쌓일수록 김치 같은 발효 음식과 그것의 역사는 더 오래된 것으로 밝혀질 것이다.

음식 문화를 설명할 때 중요한 것은 기원이 아니라 그 음식이 변화하는 환경에 어떤 식으로 적응하며 만들어져왔는지를 살피는 것이다. 이런 맥락에서 김치 같은 발효 음식의 기원이 어디인지를 두고 설왕설래하는 것은 의미 없는 논쟁이다. 오늘날 미국을 대표하는 음식인 햄버거가 독일의 함부르크에서 기원했다는 사실은 흥미로운 여담일 뿐 햄버거의 본질을 설명해주지는 못하는 것처럼.

음식에 민족적 자부심을 얹는 것은 세계 공통의 현상이다. 음식은 영향력이 강력한 문화 중 하나이기 때문이다. 하지만 단순히 그 음식을 가장 먼저 만들어 먹었다고 해서 세계가 그 음식을 해당 국가를 대표하는 음식으로 기억하지는 않는다. 와인의 역사를 예로 살펴보자. 현재까지 밝혀진 바에 따르면 와인을 처음 만들어 마신 지역은 조지아를 중심으로 하는 서아시아로 추정된다. 하지만 사람들은 와인의 나라 하면 프랑스나 칠레를 꼽는다. 역설적으로 전통 음식의 세계화를 지향한다면 원래의 조리법과 맛을 버릴 수도 있어야 한다. 중국 음식이 세계인의 입맛을 사로잡은 이유는 전 세계에 널리 퍼진 화교들을 통해 그와 같은 로컬화 과정을 거쳤기 때문이다.

한국 김치는 2013년과 2015년 각각 남한과 북한의 인류무형문화유산으로 등재되었다. 선정 심사를 위해 유네스코에 제출한 보고서는 김치라는 무형유산의 의미와 가치를 제대로 살려서 만들어졌다고 평가받는다. 이 보고서에는 김치의 역사가 1,000년 정도라고 적혀 있었지만 기간은 인류무형문화유산으로 선정되는 데 큰 걸림돌이 되지 않았다. 원조 유무보다 더 중요한 것은 해당 문화의 현대적 의미와 보편적 가치다. 이는 유네스코가 인류무형문화유산으로 선정하며 붙인 타이틀, '김장: 김치를 만들고 서로 나누기'에서 확연히 알 수 있다. 선정위원회 측은 김치의 원조를 따지지 않았다. 그보다는 인류가 겨울을 이겨내기 위해 지혜롭게 저장 음식을 만들고 함께 나누었던 시혜를 김치에서 발견하고 이를 높이 평가했다. 승자는 불분명한 원조를 큰 소리로 주장하는 자가 아니었다. 세계 사람들이 절로 고개를 끄덕이는 가치를 재발견해 낸 자가 승자였다.

삼겹살

녹진한 돼지비계 속에 담긴
민초들의 애환

짭짤하고 고소한 비계가 가득한 삼겹살은 한국을 대표하는 돼지고기 음식이다. 우리나라 외에도 돼지비계 요리를 즐기는 나라는 유라시아 전역에 꽤 많다. 그중에서도 독특한 방식으로 돼지비계 요리를 만들어 먹는 나라가 있다. 바로 유라시아 초원 서쪽 끝에 위치한 우크라이나다. 우크라이나에서는 염장을 한 생삼겹살 요리가 유명하다. 또한, 삼겹살은 우크라이나를 비롯해 유라시아 초원에서 문화적 교류를 이끌어낸 음식이기도 하다.

세계의 곡창지대인 우크라이나가
돼지비계를 사랑하는 이유

나는 추운 시베리아에서 유학 생활을 했다. 영하 30~40도를 넘나드는 강추위를 여섯 해나 경험하는 동안 나를 추위와 허기에

| 우크라이나의 살로.

서 지켜준 음식은 단연 돼지비계를 염장한 '살로(salo)'였다. 살로
를 만드는 레시피는 지역과 사람마다 정말 다양하다. 하지만 그
기본은 대개 비슷하다. 서늘한 봄이나 가을에 돼지비계 또는 삼겹
살을 준비해 큼지막하게 잘라서 항아리에 넣고 그 위에 소금을 넉
넉히 뿌린다. 며칠이 지나면 삼투압 현상으로 소금이 비계에 배어
들며 염장이 된다. 기호에 따라서 소금과 함께 후추나 고추 같은
향료를 넣기도 한다. 완성된 살로는 얇게 잘라서 빵 위에 얹어 먹
는다. 살로는 고열량인 데다 각종 비타민이 풍부하기 때문에 러시
아인들이 좋아하는 음식 중 하나다. 살로는 우크라이나의 전통 음
식인데, 시베리아와 극동 지역에는 우크라이나 출신이 아주 많기
때문에 그들의 음식이 자연스럽게 시베리아의 토착 음식처럼 여

겨지게 되었다.

돼지비계를 먹는 풍습은 우크라이나에만 있는 것이 아니다. 고대 로마의 '라르도'라는 음식도 돼지비계를 활용한 것이다. 영국과 미국에서도 돼지비계는 '포크 스크래칭'이라고 하는 요리에 사용된다. 우리 역사에서는 북방의 추운 곳에 살던 읍루인과 그들의 후손인 만주족들이 돼지비계 요리를 해먹었다.

사실 많은 나라에서 돼지비계를 먹는 것을 그리 선호하지 않는다. 재료의 특성상 상하기 쉽고, 역한 냄새가 강하기 때문에 잡내를 없애고 요리하기가 만만치 않기 때문이다. 그래서 빈곤층이나 고기를 손질하는 일부 사람들만 먹는 음식이라는 인식이 강했다.

하지만 우크라이나인들의 살로에 대한 사랑은 남다르다. 한때는 우크라이나 서부 도시 르비우에 살로박물관이 있었을 만큼 이들은 살로를 민족의 음식으로 자부한다. 그런데 한 가지 의문이 든다. 우크라이나는 '체르노젬(chernozem)'이라는 흑토 지대가 발달한 세계의 곡창지대다. 쉽게 말해 신선한 곡물과 야채가 풍부하다. 그런데 어떤 연유로 돼지비계 요리가 우크라이나를 대표하는 음식이 되었을까? 그 배경에는 힘든 환경을 개척한 우크라이나인의 역사가 숨어 있다.

유목민이 가르쳐준 돼지비계의 맛

우크라이나인들의 돼지비계 사랑은 그 기원이 오래되었다. 약 1,000년 전 '키예프 루스'* 시절 기록에도 등장할 정도다. 키예프 루스는 오늘날 우크라이나인과 러시아인들의 주류인 슬라브인이 세운 최초의 나라로 여겨진다. 중국 근처의 만리장성에서 시작한 유라시아 초원은 우크라이나의 동부까지 이어진다. 그래서 키예프 루스 이전부터 슬라브인 외에도 동아시아 초원에서 많은 유목민들이 유라시아 초원을 건너와서 정착했다. 이곳에 정착했던 다양한 민족들의 내력을 간략하게 살펴보면 다음과 같다.

우선 우리나라 삼국시대인 3세기 무렵에는 중국에 패망한 흉노 일파에서 비롯한 훈족이 이 지역까지 대거 밀려왔다. 훈족의 대이동 직후에는 몽골 지역에 나라를 세우고 고구려와도 협력했던 유연의 후예인 아바르족이 이곳에 선진 기마 문화를 전파했다. 튀르크(돌궐) 일파가 세운 하자르 칸국은 동유럽과의 교역을 담당하며 크게 성장했다. 키예프 루스가 멸망한 직후 200여 년 동안에는 몽골이 세운 킵차크한국이 이 지역까지 진출해 있었다. 요컨대, 동아시아에서 시작된 유라시아 초원의 문화가 우크라이나 고대 역사의 대부분을 차지한다고 해도 과언이 아니다. 유라시아 초

----

* 키예프 루스는 882~1240년에 현재의 우크라이나, 벨라루스, 러시아 모스크바 일대를 다스렸던 나라다. 몽골의 침략으로 멸망했다.

원과 동유럽 평원이 만나는 지점인 우크라이나를 거쳐서 수많은 유라시아의 선진적인 기마 문화와 황금 예술이 전해졌다.

살로의 어원도 이처럼 동쪽에서 지속적으로 밀려온 유목민들의 등장과 관계가 있다. 살로는 '말안장(saddle)'이라는 뜻을 가진 고대 슬라브인의 언어 'sadlo'에서 유래했다. 돼지 속살 위에 얹어진 지방이 마치 푹신한 안장 같아 보였기에 붙여진 이름이다. 유럽에서는 육회의 일종인 타르타르 스테이크가 기마민족이 말안장 밑에 말고기를 넣어 육질을 부드럽게 만든 것으로부터 유래했다는 설(說)이 있는데, 사실은 살로를 잘못 이해한 데에서 기인한 것이다.

살로는 오랫동안 외세의 지배를 받아온 우크라이나의 역사가 담긴 음식이다. 16세기 이후 우크라이나는 코사크인들의 발흥으로 역사가 다시 시작되었다. 그들은 초원 유목민의 오랜 풍습인 변발의 일종인 '추드'를 하고, 강인한 기마민족으로서 독립을 향한 발걸음을 내딛었다.[**]

살로가 우크라이나인들 사이에서 널리 유행한 것도 이 무렵이다. 당시 이 지역을 지배했던 무슬림인 튀르크나 유대인들은 돼지고기를 먹지 않았다. 그렇기 때문에 상대적으로 가장 구하기 쉬운 재료였던 돼지비계를 이용한 요리가 발달하기 시작한다. 값은 저

....
[**] 율 브리너가 주연으로 나온 1960년대 추억의 영화 〈대장 부리바〉에는 변발을 한 인물들이 나오는데, 이는 그들의 강인함을 상징한다.

렴하지만 든든한 열량 공급원으로 돼지비계가 급부상하게 된 것이다. 마치 한국전쟁 직후 유행한 부대찌개나 부산의 먹장어 요리처럼 다른 사람들이 꺼리는 식재료를 바탕으로 음식을 만들어 먹었던 것이다.

다른 듯 같은 매력, 삼겹살과 살로

우리나라에서 삼겹살 구이가 본격적으로 유행하게 된 것은 1970년대 말이다. 하지만 비계가 낀 돼지고기에 대한 사랑은 그 역사가 무척 오래되어서 일제강점기에 출간된 요리책에도 '세겹살(삼겹살)은 돼지 중에 최고'라는 구절이 있을 정도였다. 그럼에도 불구하고 삼겹살 구이가 비교적 최근에야 유행하게 된 데는 비계가 가진 특유의 잡내가 한몫했다. 지방이 가득한 비계는 고기의 여러 부위 중에서 인기가 없는 부위다. 자연스레 값도 싸다. 하지만 돼지 종자 개량을 통해 특유의 잡내를 없애고 비계 사이에 살이 들어차도록 한 결과, 삼겹살 구이라는 맛있는 음식으로 재탄생할 수 있었다.

돼지비계 요리를 사랑하는 한국과 우크라이나는 여러모로 공통점이 많다. 지정학적으로 유라시아의 끝자락에 위치해서 유목 문화의 영향이 강하다는 점, 주변 강대국들의 침탈로 인한 질곡의 역사를 경험했다는 점 등이 그렇다. 또한, (지금은 상황이 조금 달라졌으나) 두 나라 모두 오래전부터 농업이 주요한 산업이었지만 다양한 육가공 문화가 발달했다. 육류 단백질은 농경민들에게 결핍되기 쉬운 영양소다. 그렇기 때문에 돼지비계처럼 저렴하고 구하기 쉬운 부위를 가공해서 영양분을 섭취할 방법을 모색하다 보니 살로나 삼겹살 구이 같은 요리를 개발할 수 있던 것은 아니었을까?

살로와 삼겹살의 또 다른 공통점은 바로 최고의 술안주라는 점이다. 삼겹살에는 소주이듯이 살로에는 보드카가 제격이다. 여기에 상큼하고 아삭한 양배추 절임까지 곁들이면 우크라이나에서는 가히 최고의 안주 조합이라고 할 수 있다.

그러고 보면 살로와 삼겹살 구이가 각각 우크라이나와 대한민국의 국민 음식으로 사랑받는 이유는 단순히 맛 때문만은 아닌 듯하다. 그보다는 이 음식들 속에는 척박한 역사와 가난 속에서도 기어이 살아내고자 했던 두 나라 민초들의 강인한 생존력이 담겨 있기에 서민들의 대표적인 음식으로 자리매김할 수 있었던 것 같다.

편견을 딛고 이어진
우리의 별미

농경 사회에서 소는 없어서는 안 될 중요한 가축이었다. 그래서 가족처럼 대접을 받았으며 신성시하기까지 했다. 한국에서는 '버릴 곳이 하나도 없다'는 말이 있을 정도로 소꼬리부터 소 발톱까지 부위별로 다양한 요리법이 오래전부터 발달했다. 그리고 오늘날 소고기는 비싸고 고급스러운 음식의 대명사다. 살아서는 농

| 중국 가욕관 유적에서 출토된 벽화. 소를 이용해 밭을 갈고 있다.

사를 짓는 데 큰 도움을 주었고, 죽어서는 단백질의 원천이자 특유의 고소한 풍미로 입맛을 사로잡았던 소. 소와 관련된 유물들을 통해 소 숭배와 소고기 미식의 역사를 살펴보자.

숭배의 대상이었던 소

가축 소는 오록스(aurochs)라 불리는 야생 소에서 기원했다. 오록스는 구석기시대나 신석기시대 초기 벽화에서 볼 수 있는 뿔 달린 소라고 생각하면 이해하기 쉽다. 야생 오록스를 처음으로 가축화하는 데 성공한 곳은 근동 지역이다. 가축화된 소는 약 6,000년 전 실크로드를 통해 동아시아로도 전래된다. 이후 양쯔강 이남에서는 목에 혹이 달린 혹소를, 북방인 한국과 일본에서는 우리가 아는 황소를 키웠다. 한중일 동아시아 삼국에서 키웠던 소의 원형은 3,300년 전 상나라 유적에서 발견된 소뼈에서 확인할 수 있다. 이즈음부터 각지의 자연환경에 맞춤한 소가 사육되기 시작했다.

한국인들은 소고기를 좋아하면서도 소를 가족처럼 여기거나 조상처럼 숭배했다. 소를 숭배하는 전통은 비단 우리나라에 국한한 풍습은 아니다. 전 세계 고대 유적에서는 소 숭배의 흔적이 두루 발견되었다. 야생 소는 2미터 크기에 몸무게는 1톤에 달했다. 매머드가 멸종한 이후 야생 소는 유라시아 대륙에서 가장 큰 초식동물이었다. 거대한 몸집에 더해 커다란 뿔까지 달렸고, 몸 전체

튀르키예 차탈 회위크 유적에서 발견된 야생 소 벽화.

는 시커먼 털로 뒤덮였으니 인간들의 경외감을 불러일으키는 것이 당연했다. 9,000년 전 근동 지역의 대표적인 신석기시대 유적인 차탈 회위크(Çatalhöyük)에서는 거대한 야생 소를 사람들이 사냥하는 모습, 경외하는 모습이 새겨진 유물이 발견되었다. 야생소는 신석기인들에게 경외의 대상인 동시에 주요한 식량이었던 셈이다. 지중해 크레타 문명에서 전해지는 미노타우로스 신화나 근동 지역의 바알 신 숭배에서 보듯 뿔 달린 소는 인간에게 경외와 존숭의 대상이었다.

한반도에서도 소를 숭배하며 제사를 지낸 흔적이 발견되었다. 전남 나주시 복암리 고분군에 있는 마한 족장의 무덤 근처 늪에서 소뼈가 발굴된 것이다. 이를 통해 남도의 기름진 옥토에서 농사를 짓던 마한 사람들이 소의 제사를 지냈음이 밝혀졌다. 당시 무덤 주변 도랑에서 사지가 묶인 채 머리가 잘린 소뼈가 통째로 발견되었다. 추정컨대 잘린 소머리는 따로 어딘가에서 제사를 지낼 때 사용하고, 소의 몸통은 족장의 무덤 곁에 묻은 것이다.

천대와 편견을 이겨낸 맛

한국에서 전통적으로 요리해서 먹는 소고기 부위는 120여 가지에 이르는데, 이는 소고기를 주식으로 삼는 미국이나 영국과 비교하면 3배 이상 되는 수치다. 역사적으로 살펴보면 조선왕조

600년 동안에는 엄격하게 소의 도축을 금했다. 그럼에도 불구하고 다채로운 소고기 요리법이 발달한 배경은 무엇일까?

가장 강력한 배경으로 손꼽히는 두 가지는 몽골이나 말갈과 같은 유목 민족과의 접촉 그리고 백정으로 대표되는 소고기 도축을 직업으로 삼았던 사람들이다. 몽골 침략기에 한반도에는 다량의 소가 유입되었는데, 그와 함께 목축 및 다양한 도살 기술이 함께 전해져 보편화되었다. 그 전통은 백정과 수척(후삼국과 고려 시대에 떠돌아다니면서 천업에 종사하던 무리) 등 특수 집단들에 의해 수백 년간 이어져 왔다. 백정으로 일했던 이들은 본래 삼국시대 이래로 백두대간을 따라서 연해주와 간도에서 한반도로 이어지는 산악 지역에 살던 사람들이었다. 흔히 말갈계라고 알려진 이들은 농경민들이 잘하지 못했던 고기의 도축과 가공에 능했다. 조선시대에 이르러서 백정은 극도로 천대받는 직업이 되었지만, 우리가 즐기는 소고기 요리법은 전적으로 이들에 의해 발전한 것이라고 해도 과언이 아니다.

소고기는 도성 내 소의 도살을 엄금했던 조선시대에도 양반들을 중심으로 널리 유행했다. 서울 종로구 공평동에서는 소뼈를 가지런히 모아 구덩이에 묻은 흔적이 발견되었다. 공평동은 조선시대 관공서들이 몰려 있던 동네다. 조선시대에 한성 내에서는 소 도축이 엄격히 금지되었다. 따라서 필요한 경우에는 사대문 밖에서 소를 도살해 들여와야 했다. 공평동 유적은 솔선수범을 해야 할 관리들이 대놓고 관청에서 고기를 잡고 회식을 한 흔적이다.

조선시대 풍속도에 묘사된 불고기를 굽는 장면(국립중앙박물관 소장).

사료에 따르면, 제사를 지낸다는 핑계를 대고 소를 잡아먹는 일이 비일비재했다.

조선 후기에 인기가 많았던 소불고기 요리로는 설하멱(雪下覓)을 꼽을 수 있다. '눈 오는 날 찾는다'라는 뜻의 설하멱은 일종의 꼬치구이로, 소고기를 불에 구웠다가 찬물이나 눈에 넣어 식힌 후 기름을 발라서 다시 한번 구워 먹는 요리다. 지금도 유라시아 일대에서 널리 유행하는 꼬치구이인 사슬릭도 분무기 같은 것으로 물을 뿌리면서 고기를 구우니, 요리법이 비슷하다.

보다 대중적인 소고기 요리의 대표로 설렁탕을 꼽지 않을 수 없다. 소의 머리, 내장, 뼈다귀, 발, 도가니 따위를 푹 삶아서 만든 국 또는 그 국에 밥을 만 음식인 설렁탕은 말뼈나 양뼈를 고아서 만든 몽골과 카자흐스탄 요리인 슈르파(또는 소르포)와 그 맛이 거의 똑같다. 가축의 뼈를 푹 고아서 만든 이 음식들은 먹을 수 없을 것 같은 부위까지 살뜰하게 조리해 영양 섭취를 해야만 했던 민중들의 지혜가 담긴 레시피라고 할 수 있다.

한우의 맛은 다양성에서 나온다

그렇다면 오래전 소고기의 맛은 어땠을까? 아쉽게도 이를 알아낼 도리는 없다. 전통의 맛을 복원한다는 것은 말처럼 쉽지 않다. 언젠가 미국 화교들이 운영하던 미식가 클럽이 하버드대에

서 중국 고고학을 전공한 교수의 자문까지 받아가며 거액을 들여 3,000년 전 중국 상나라의 음식을 세심하게 복원하고자 시도했었다. 잃어버린 중화민족의 전통을 음식으로 잇겠다는 포부였다. 하지만 결과는 기대에 미치지 못했다. 한국에서도 이순신 장군의 식단을 복원하고자 했으나 역시 실패로 끝났다.

다양한 문화의 갈래 중에서도 음식 문화만큼 쉽게 변형되는 것도 없다. 맛은 매우 즉흥적이고 상대적인 감각이기 때문이다. 오늘날 한우 요리가 사랑받는 이유는 세계인의 다양한 입맛에 맞취 적극적으로 조리법을 개발하려는 노력이 결실을 맺었기 때문이다. 하지만 유감스럽게도 20세기 한우의 역사는 획일화의 역사였다. 그 결과, 전통 한우는 그 기원을 찾기가 어려워졌다. 최신 DNA 기법을 도입해도 한우의 기원은 아직까지 불분명하다. 그 이면에는 일제강점기 때 이루어진 급격한 한우 표준화 작업이 존재한다.

국제적으로 공인된 한우는 황우, 칡우, 흑우, 제주 흑우로 크게 네 종류다. 하지만 일제강점기에 황우만을 한우로 표준화함에 따라 한우의 다양한 유전자풀이 고립되었고, 이후 전통 소의 명맥이 끊겨버렸다. 한우가 앞으로도 계속 사랑받으려면 다양한 요리법만큼이나 품종을 개량하고 발전시켜나가야 한다. 최근 이루어지고 있는 전통 소 복원 작업과 한우의 유전적 다양성을 확보하려는 노력도 이를 위한 방편들이다.

신라는
닭의 나라였다

장년층이라면 어렸을 적 아버지께서 월급날 고소한 향을 풍기며 전기구이 통닭 한 마리를 사 들고 귀가하시던 추억이 한 번쯤은 있을 것이다. 그리고 세월이 흘러 치킨은 대한민국 전 국민이 사랑하는 대표적인 배달음식으로 자리매김했다. 심지어 한류 열풍과 더불어 한국의 치킨은 전 세계인의 입맛을 사로잡고 세계 곳곳에 널리 퍼지는 중이다. 그런데 사실 우리나라는 아주 오래전부터 닭 요리에 일가견이 있었다. 그 기원은 삼국시대 신라로까지 거슬러 올라간다.

닭, 신라의 역사와 함께하다

닭은 오래전부터 인류 역사에서 신령한 존재로 대우받은 가축이었다. 닭은 새벽에 우는 습성으로 인해 새로운 시간을 연다는 의미에서 길조로 여겨졌다. 또한, 붉은 벼슬이 있어 악한 마귀를 쫓아내는 영물이자 벽사(辟邪)의 동물로도 생각되었다. 복을 부르는 새로 숭배했기에 전통 혼례상에도 올리는 동물이었다.

우리나라의 경우에는 신라 신화에 닭이 등장한다.《삼국사기》에는 경주 김씨의 시조인 김알지 신화가 기록되어 있는데, 그 내용을 간단히 요약하면 다음과 같다.

석탈해왕 9년(65년) 봄에 왕이 금성 서쪽 시림 숲에서 닭이 우는 소리를 듣는다. 날이 밝은 후 닭이 우는 곳에 가 살펴보니 나무에 작은 함이 달려 있었고 그 안에 조그마한 사내아이가 들어 있었다. 아이는 총명함과 지략이 넘쳤기에 알지(閼智)라 이름하고 금함으로부터 나왔으므로 성을 김(金)으로 삼았으며, 닭 우는 소리로 아이가 있는 곳을 발견했으니 시림의 이름을 바꾸어 계림(鷄林)이라 칭하고 이를 나라 이름으로 삼는다.

신화의 내용에서 알 수 있듯이 닭은 상서로운 기운을 전달해주는 매개체로 서술되었다.

흔히 한국을 대표하는 신화로 곰과 호랑이가 등장하는 단군신화를 꼽는다. 단군신화는 유라시아 북부에 널리 퍼져 있는 곰 신화와 관계가 있다. 그런데 신화에는 곰 신화 외에 또 다른 흐름이 존재한다. 바로 난생신화다. 건국의 주역이나 영험한 인물이 알에서 태어나는 것을 골자로 하는 난생신화는 남방계 신화의 주된 흐름이다. 실제로 삼국시대 신라와 가야에서는 닭과 알로 대표되는 난생신화 사례가 많이 보인다. 박혁거세는 알에서 태어났다고 전해지며, 신라 천마총에서는 달걀이 출토되기도 했는데, 이 달걀은 식용 목적이 아니라 권력을 상징하는 물건이었다. 달걀은 닭이 태어나는 장소이므로 그 자체로 생명력을 의미하기도 했다.

신라는 대외적으로 '계림'으로 불렸다. 《삼국유사》에는 인도(천축국)에서 신라를 '구구타예설라(矩矩吒䃜說羅)'라고 불렀다고 적혀 있다. 여기에서 '구구타'는 닭을 가리키는데, 인도-유럽어 계통인 산스크리트어에서 닭 울음을 표현하는 의성어가 '구구(kuku)'였던 것과 관련이 있다. 또한, 산스크리트어로 '예설'은 한자의 '귀(貴)'와 대응된다. 신라를 이렇게 불렀던 이유는 신라에서는 계신(雞神, 닭의 신)을 공경하여 높은 이들의 관에 깃을 올려 장식했기 때문이다. 실제로 신라와 고구려의 모자 장식 유물에는 모두 새 깃털이 달려 있다. 이는 닭(새)을 숭배했던 증거인 셈이다.

고고학적으로 닭의 흔적을 찾기는 쉽지 않다

그런데 사료로 전해지는 내용과 달리 정작 고고학 자료에서 닭의 흔적을 찾기란 쉽지 않다. 학자들은 오래전 인더스 문명의 모헨조다로에서 인류가 처음으로 닭을 키웠다고 생각했다. 하지만 중국에서 새로운 주장이 등장한다. 허베이성의 약 7,000년 전 신석기시대 유적에서 가축화된 닭의 흔적이 발견되었다는 것이다. 막연한 주장이 아니라 실제 증거들이 등장했기 때문에 닭의 가축화 중국 기원설이 힘을 얻는 듯했다. 하지만 여기에서 한 가지 간과해서는 안 되는 것이 있었다. 바로 꿩의 존재다.

'꿩 대신 닭'이라는 속담이 있을 정도로 닭과 꿩은 외양상 거의 유사하다. 지금도 연변 조선족 사이에서는 '솥뚜껑만 열면 꿩이 후드득 날아온다'라는 농담이 있을 정도로 북한과 만주 지역에서는 닭을 키우는 것보다 꿩을 사냥하는 편이 훨씬 효율적으로 여겨졌다. 한국 역시 같은 맥락에서 가내에서 닭을 가축으로 키운 역사가 그리 오래되지 않았다. 또한, 우리나라의 토종닭 DNA를 분석해보니 중국 운남 지역에서 온 것이 많았다. 이러한 한국의 토종닭은 일부 일본으로도 건너갔다.

가야와 마한에서도 발굴된 닭 숭배 유적

신라뿐만 아니라 신라와 인접했던 마한과 가야 지역에서도 닭을 신성시했던 증거를 찾아볼 수 있다.

1995년, 경남 고성군 동외동의 3~4세기 가야 고분 근처에서 아주 특이한 청동기가 출토되었다. 고분 근처의 제사를 지내던 구덩이에서 발견된 청동기다. 어른 손바닥 정도 크기인 직경 8.9센티미터의 청동기에는 닭처럼 벼슬이 있는 새 두 마리가 서로 마

| 가야와 마한의 새 모양 청동기.

주보고 있는 모습이 새겨져 있었다. 그 주변에는 빽빽하게 고사리 무늬도 새겨져 있었다. 놀라운 것은 여기에서 그치지 않았다. 그로부터 4년 뒤, 마한의 중심지였던 전남 영암군 수동마을에서도 이와 똑같이 생긴 새 모양 청동기가 출토된다. 이는 당시에 두 나라 모두 동일한 제사 풍습과 신앙심을 가지고 있었다는 뜻이다. 즉, 두 나라 모두 닭처럼 생긴 신령한 새를 모시는 풍습이 있었다.

가야 유적에서는 다양한 모습을 표현한 토기들이 자주 출토되는데, 그중에는 마치 원두막 같은 지상 가옥 모습의 토기도 있다. 특히 경남 함안군 말이산의 가야 무덤에서 발굴된 집 모양 토기는 특별하다. 이 토기의 다리는 마치 닭과 같은 새의 다리처럼 표현되었다. 그 모양도 쭉 뻗은 것이 아니라 앞으로 기울어져서 마치 어디론가 달려가는 듯한 모습이다. 토기의 이런 모습이 의미하는 것은 무엇일까? 그 의미를 짐작하기 위해서는 토기가 출토된 장소부터 곰곰 생각해봐야 한다.

이 토기는 무덤에서 발견되었다. 즉, 실제적인 용도가 있었다기보다 죽은 사람의 영혼을 달래기 위해 만들어지고 함께 묻힌 물건이라는 뜻이다. 새 다리를 지닌 집 모양 유물은 유라시아 곳곳에서도 발견된다. 러시아 대문호 푸시킨의 시 구절에도 고대 러시아인들의 신화 속에 등장하는, 닭다리 모습을 한 집이 등장한다.

한국의 토종닭이 일본으로 건너갔던 것처럼 닭을 숭배하는 문화는 일본으로도 확산되었다. 일본에서는 대체로 기원전 3세기에서 기원후 3세기에 이르는 야요이시대부터 무덤에서 닭뼈가 발견되기 시작한다. 무덤에서 발견되는 닭뼈는 그 수가 다른 새들의 그것에 비해 훨씬 적다. 또한, 닭뼈가 발견되는 무덤들의 위치도 제한적이어서, 주로 한국과 가까운 규슈 일대에서 발견되는 경향이 있다. 이는 일본에서 식용으로 닭을 키운 것이 아니라 제사 등 의식에 사용했음을 뜻한다.

닭을 숭상한 신라인의 후예, 이제는 '치느님'을 받들다

최근 과학기술의 발달로 DNA 연구가 활발해지면서 닭의 기원에 대한 새로운 연구 결과들이 속속 등장하기 시작했다. 흥미롭게도 동시다발적으로 여러 지역에서 가축화된 여타의 동물들과 달리 닭은 특정 지역에서 길들여진 후 세계로 퍼져서 다양하게 분화했다고 한다. 학자들은 대체로 동남아시아, 중국 남부, 또는 인도 등 아열대 지역이 닭을 가축화한 기원지로 유력하다고 본다. 왜냐하면 야생 닭이 이 지역에서 많이 살았기 때문에 상대적으로 일찍 닭을 가축화할 수 있었기 때문이다. 닭과 병아리는 소나 돼지 등과는 달리 크기가 작아 사람과 쉽게 이동이 가능하다. 따라서 닭과 병아리는 인간에게 안정적으로 단백질을 공급해줄 수 있는 원천이었다.

오늘날에도 닭은 현대인들에게 주요한 단백질 공급원이자 별식이다. 특히 치킨은 다양한 닭 요리 중에서도 진화에 진화를 거듭하며 대한민국을 대표하는 소울 푸드가 되었다. 닭 특유의 보드라운 육질을 바삭하고 고소한 튀김옷으로 감싼 뒤 다양한 시즈닝까지 더하니 세계 그 어디에서도 찾아보기 힘든 별미가 만들어졌다. 어떤 이들은 치킨 맛에 푹 빠진 나머지, 치킨을 '치느님'이라고 부르기도 한다. 웃자고 하는 말이겠지만, 이 땅에서 닭을 숭배해온 역사가 유구하다는 사실을 알고 있는 고고학자의 눈에 치킨에 대한 경배가 그저 우스갯소리로만 들리지는 않는다.

2,000년을 이어온
우리의 제사 음식

우리나라의 가장 큰 명절은 설날과 추석이다. 시대가 많이 바뀌긴 했지만 명절 하면 가장 먼저 떠오르는 장면 중 하나는 아무래도 제사 지내는 모습일 것이다. 제사는 준비하는 과정에서 때로 가족 간의 갈등을 빚기도 하고, 여성들에게 지나친 노동을 전가하는 것처럼 비쳐져 가부장제의 대표적인 악습으로 여겨지기도 한다. 하지만 제사는 먼저 세상을 떠난 사람을 기리기 위해 인류가 지난 수만 년간 이어온 예법이자 전통이다. 오늘날의 상황에 맞게 고쳐야 할 부분도 있지만, 문화의 한 형태로서 제사는 많은 맥락과 이야기를 담고 있는 흥미로운 풍습이다.

상어 고기, 2,000년간 사랑받은 제수 용품

제사상을 차리는 방법에는 어느 정도 정해진 예법이 있지만,

지역에 따라 제사상에 올라가는 음식들은 다양하다. 그중에서도 독특한 제사 음식이 있는데, 바로 상어 고기다. 지금으로서는 상 상하기 어렵지만, 경상북도 일대에서는 '돔베기'라 불리던 상어 고기가 제사상에 반드시 올라갔다. 상어는 몸체가 크기 때문에 한 마리만 잡아도 얻을 수 있는 고기의 양이 많아서 신석기시대부터 많은 사람들이 즐겨 먹었다.

경상도 지역에서 상어를 제사상에 올린 역사는 적어도 무려 1,700년 이전으로 거슬러 올라간다. 경주, 울산, 포항 일대의 신라 무덤들에서 상어뼈가 두루 발견되었는데 가장 오래된 것은 4세기 경의 것으로 추정된다. 신라가 차츰 세력을 키워감에 따라 제사상 에 상어 고기를 올리는 풍습은 경상북도 일대로까지 전해져서 안 동 지역 고분에서도 상어뼈가 출토되었다. 이 정도면 신라 문화는 '상어(돔베기) 문화권'이라고 불러도 될 것 같다.

제법 신분이 높은 족장이나 마을 어르신을 묻은 큰 고분에서는 상어뼈가 통째로 발견되기도 한다. 경북 경산시 조영동에서 발굴 된, 삼국시대 이 지역 지도자의 고분에서는 순장자(무덤에 같이 묻 힌 사람)의 발 쪽에서 무려 세 마리의 상어뼈가 통째로 발견되었 다. 그런데 특이하게도 발굴된 상어뼈는 모두 머리 부분이 없었 다. 경산은 대구 남쪽에 위치한 내륙 도시다. 상어가 잡힌 동해 연 안에서 이 지역까지 상어를 운반하려면 꽤 먼 거리를 이동해야 한 다. 따라서 상어를 날것인 채로 옮길 수는 없었을 것이다. 운반하 는 동안 부패를 피할 수 없었을 터이기 때문이다. 머리가 없는 상

| 경북 경산시 조영동에서 발견된 상어뼈.

어뼈는 당시 사람들이 바닷가에서 상어를 잡은 뒤에 금방 상해버리는 머리와 내장 부위는 제거하고 통째로 염장해서 내륙으로 운송했음을 보여주는 증거다.

보통 무덤에 넣는 음식에는 두 가지 의미가 담겼다. 망자가 머나먼 저승길을 갈 때 배고프지 말라는 의미에서 음식을 넣어주었거나 먼저 죽어서 저승에 가 있는 조상들과 함께 잔치를 하라는 의미에서 음식을 넣어준 것이다. 커다란 상어 세 마리를 혼자서 다 먹을 수는 없는 노릇이니 아마 이 무덤의 주인공에게 저승에서 큰 잔치를 열라고 넣어준 것으로 추측된다.

이쯤에서 한 가지 질문이 피어오른다. 동해안에서 잡히는 생선은 상어 말고도 다양하다. 그런데 왜 하필 상어 고기를 제사상에 꼭 올렸을까? 사실 고고학자들도 그 이유는 정확히 모른다. 다만, 추측건대 당시의 염장 상어는 다른 생선에서는 맛보기 힘든 풍미가 있었던 것이 아닐까 싶다. 높은 사람들의 무덤에까지 넣어줄 정도의 음식이면 당대 사람들이 무척이나 좋아했던 맛을 가진 음식이었을 것이다.

사실 젓갈과 같이 염장하거나 훈연해 삭혀 먹는 음식은 동서양을 막론하고 처음에는 맛있게 먹기가 힘들다. 하지만 그 특유의 맛에 한번 적응하고 나면 오히려 그 오묘한 맛에 이끌려 매혹되고야 만다. 앞서도 이야기했지만 상어 고기를 내륙 지역에서 즐기려면 염장이 필수였다. 염장 과정에서 분명 상어 고기의 남다른 풍미가 만들어졌을 것이다. 신라인을 사로잡았던 염장 상어의 맛은 어땠을지 참 궁금하다.

그렇다면 가장 높은 지위라고 할 수 있는 왕들의 제사상에는 어떤 음식을 올렸을까? 신라의 경우에는 고분이 많이 발굴되어서 그 내역을 꽤 구체적으로 알 수 있다. 신라의 대표적인 고분인 황남대총을 발굴한 결과, 제사 음식을 담았을 것으로 추정되는 수백 점의 토기들이 발견되었다. 그 안에서 육지동물로는 소, 말, 닭, 꿩, 오리 등의 흔적이 발견되었다. 요즘 우리가 좋아하는 육류 중 돼지를 제외하고는 대부분이 나온 셈이다. 해산물로는 바다사자, 참돔, 졸복, 다랑어, 농어, 상어, 조기 등의 흔적이 발견되었다. 바다사자를 제외하면 모두 오늘날 수산시장에 가면 흔히 볼 수 있는 어류다. 그뿐만이 아니다. 전복, 소라, 논우렁이, 홍합, 재첩, 백합

경북 경산시 임당동에서 발견된 상어와 생선뼈(국립대구박물관 소장).

등 패류도 다양하게 나왔다. 그리고 보면 신라의 조상신들은 해산
물을 골고루 드셨던 것 같다.

생선과 고인돌

한국 고고학의 아버지라 불리는 삼불 김원용(1922~1993) 선생
님은 내가 졸업한 고고학과의 창립자이다. 대학원 시절 학과에 소

장된 김원용 선생님의 여러 작품 중 고고학자만이 할 수 있는 수많은 경험을 특유의 해학과 유머로 엮은 수필을 책장 사이에 서서 읽으며 키득대던 기억이 아직도 생생하다.

김원용 선생님이 최초로 수필가로 데뷔한 작품은 경남 진해의 한 고인돌을 발굴하면서 겪은 이야기를 담은 '생선, 바다, 지석묘(고인돌의 한자어)'다. 선생님은 힘든 발굴이 끝나고 나면 한적한 시골 마을의 단칸방에서 꼬시래기*라는 잡어의 막회를 소주에 곁들여 먹으며 세상을 다 얻은 것 같은 행복감을 느꼈다고 했다. 고고학자라면 누구나 느끼는 행복한 시간이다.

김원용 선생님이 수필을 쓰신 당시는 제대로 고인돌을 조사한 적이 없는 1950년대였다. 그 이후 70여 년 가깝게 한국의 수많은 청동기시대 고인돌이 발굴되었지만, 정작 생선을 먹은 흔적은 찾아볼 수 없었다. 아마 농사를 짓는 데에 모든 것을 다 바쳐서인지 모른다.

다시 우리 식탁에 해산물이 올라온 것은 삼국의 전신인 삼한시대부터다. 이때 이후 가야와 신라의 여러 바닷가 유적에서 다시 조개무지가 등장한다. 이는 단순하게 해산물을 다시 먹었다는 뜻이 아니다. 이때에는 지역 간의 교통과 무역이 발달해서 해산물을 먹을 수가 있었고, 또 오랫동안 보존하는 염장 기술이 발달되었음

....

* 지금은 해초류로 많이 알려져 있지만 1960년대까지 남해에서 꼬시래기라 불리는 물고기가 있었다. 전문용어로는 문절망둑, 즉 망둥어다.

을 의미한다. 상어 고기가 유행한 것도 이때부터다.

먼저 간 가족을 그리워하는 애달픈 마음

인간에게 죽음만큼 두려운 일은 없다. 하지만 인간은 죽음을 통해 남은 자들의 삶을 결속했다. 라틴어 격언 중에 '메멘토 모리(Memento mori)'라는 말이 있다. '죽음을 기억하라'는 뜻의 이 격언은 역설적으로 '사는 동안 최선을 다하는 자세'를 강조한다. 제사는 인류가 메멘토 모리의 교훈을 실천하는 가장 오래된 방법이다. 우리는 먼저 세상을 떠난 사람들은 애도하고 그 영혼의 영원한 안식과 행복을 기원하면서 죽음에 대한 두려움을 극복하고 공동체의 화합을 유지했다. 제사는 죽은 이들에게 산 자들의 소원을 이루어주기를 간구하는 의식이자 죽은 자들을 기억하는 축제였다.

고대인들이 죽은 이들을 기억하며 만들었던 무덤을 비롯한 각종 물건들은 오늘날 고고학자들의 소중한 연구 자료다. 전 세계 고고학 자료의 절반 이상은 무덤과 관련된 것들이다. 고고학자에게 무덤은 옛사람들의 흔적을 복원할 수 있게 해주는 소중한 자료임에 분명하다. 하지만 내 눈에 고대인들이 만든 무덤은 산 자가 죽은 자를 향해 남긴 마지막 사랑의 흔적 같다.

시대가 바뀌어 제사 절차를 간소화하거나 아예 제사를 지내지 않는 집들이 늘고 있다. 그렇다고 해도 이 점만은 잊지 않았으면 한다. 제사의 본질은 엄격한 예법과 상다리가 부러질 듯 차린 제사상에 있는 것이 아니라는 사실 말이다. 그보다 더 중요한 것은 이제는 다시 만날 수 없는 가족에 대한 애틋한 그리움을 담아 그를 추모하고 기억하는 것이리라.

해 장 국

숙취를 해결하며
화합을 도모하다

진정한 술 애호가의 첫 번째 조건은 무엇일까? 그것은 아마 준비와 절제가 아닐까? 여기에서 준비라 함은 평소 체력 관리가 되어 있어야 한다는 의미다. 또한, 절제는 순간의 기분에 휩싸여 과음하지 않는 것을 뜻한다. 이 정도의 주도(酒道)를 갖춰야 술을 즐길 자격이 있다고 하겠다.

하지만 술은 주당의 주도를 호락호락 허락하지 않는다. 나이를 먹어 체력에 부치는 것은 생각도 않고 흥겨운 술자리 분위기에 취해 부어라 마셔라 하기 십상이다. 대신 인류는 술을 먹은 다음 날의 죄책감과 불편함을 이기기 위해 새로운 처치법을 발명해낸다. 바로 해장이다.

앞에서도 언급했지만, 고고학 유물에 따르면 인류는 약 1만 년 전부터 와인이나 막걸리 같은 술을 주조해 마셨다. 당시 인류는 지금과 신체적으로 전혀 차이가 없는 호모사피엔스(현생인류)였으므로 이들 역시 술 마신 다음 날에는 오늘날의 우리처럼 숙취를 경험했을 것이다. 따라서 이들도 숙취를 해소하기 위한 나름의 방편을 모색했으리라. 그러고 보면 술의 역사는 곧 해장의 역사인 셈이다.

함께 해장하며 화합과 지혜를 도모하다

도원결의하는 유비, 관우, 장비의 심정으로 작당하여 술을 마셔놓고는 그다음 날에 상사나 아내의 눈치를 피해서 술에서 깨느라 고생하는 것은 동서고금 마찬가지다. 명색이 고고학자이니 여기서 몇 가지 흥미로운 고대의 독특한 해장 문화를 소개해볼까 한다.

먼저 유라시아 대륙을 말을 타고 달리던 스키타이인들의 해장 문화다. 초원의 유목민들은 늘 새로운 목초지를 찾아서 사방을 다녀야 한다. 따라서 우리나라처럼 대가족이 한데 모여 사는 일은 불가능하다. 그랬다가는 각 가정에서 키우는 수백, 수천 마리의 동물을 먹일 목초가 금방 동이 나버릴 테니 말이다. 그래서 스키타이인들은 가족이 늘어나면 무조건 분가를 해서 본가와는 멀리 떨어진 다른 목초지로 이동한다. 그렇다 보니 이들은 장자가 아버지의 대를 잇는 게 아니라 오히려 가장 나중에 결혼하게 되는 막내가 가업을 계승하는 것이 일반적이었다.

이들은 일가친척 내지 부족끼리 자주 만나지 못했다. 이들이

만나는 것은 1년에 두 번뿐이었는데, 매년 봄가을에 한데 모여 잔치를 하고 정을 나누었다. 그런데 몇 달 만에 만나는 친척 사이가 늘 좋을 수만은 없었다. 이에 초원의 유목민들은 분쟁을 막기 위한 방편으로 함께 모여서 말젖으로 빚은 술과 더불어 대마초 연기를 마시며 질펀하게 어우러졌다.* 그렇게 해서 적당히 취기가 오르면 이들은 밤새 춤을 추고 놀았다.

　여기까지는 여느 지역의 음주 문화와 크게 다를 게 없다. 중요한 것은 그다음 날이다. 이들은 전날 마신 술과 대마초 연기로 인

....

* 스키타이인들은 작은 텐트 안에 모여서 솥에 뜨거운 돌을 담고 그 위에 대마초 씨앗을 뿌린 후 그 연기를 들이마셨다.

해 쓰린 속을 부여잡고 다시 한자리에 모여서 해장 겸 아침 식사를 했다. 그리고 전날 술김에 합의했던 여러 안건을 다시 꺼내어 얘기하면서 그 말들이 진심이었는지 확인했다. 이 자리에서 확인된 내용은 부족의 합의로 결정하고 이행했다.

지금으로부터 약 3,500년 전 고대 중국의 상나라에도 이와 유사한 문화가 있었다. 상나라는 갑골문의 기원으로 유명하다. 갑골문은 거북의 등딱지나 짐승의 뼈에 새긴 상형문자로 한자의 가장 오래된 형태를 보여주는데, 주로 점복(占卜)을 기록하는 데에 사용했다.

당시 상나라의 왕은 점을 치는 역할도 수행했는데, '정인'이라 불리는 용한 점쟁이들이 그를 보좌했다. 이들 무리가 하는 일은 매일 저녁 모여서 조상신에게 제사를 지내고 술을 마시는 것이었다. 이들은 취한 상태, 즉 일종의 환각 상태에서 조상신과 소통하고 이를 바탕으로 홍수나 기근을 예언하는 등 국운을 좌우하는 점을 쳐야 했다. 점괘가 틀릴 경우, 하늘이 천명을 다시 거두어 간 것으로 간주되어서 왕은 추방당하거나 심지어 목숨을 잃기도 했다.

그런데 술이라는 것은 흥은 돋우고 취기를 달아오르게 하지만, 기억을 잃게도 만든다. 그래서 상나라의 왕과 신하들은 자신들이 친 점괘를 따로 메모하기 시작했다. 이것이 갑골문의 기원이다. 잔치가 끝난 다음 날 아침, 왕과 신하들은 다시 한자리에 모여 해장을 하면서 전날 기록해둔 점괘를 다시 꺼내어보고 국가의 대소사에 대한 지시를 내렸다.

시원하고 얼큰한 국물을 마시는 것은
한국만의 해장 문화

해장 문화는 술을 좋아하는 나라들에서만 발달하는 독특한 문화 현상이다. 그런데 전 세계 어디를 봐도 한국처럼 '해장'이라는 말이 일상적으로 쓰이는 나라는 그리 많지 않다. 이는 그만큼 한국인들이 술을 사랑하는 사람들이라는 증거가 아닐까?

당장에 '해장국'을 그 뜻을 고스란히 살려서 번역할 만한 마땅한 단어가 없다. 영어로 'Hangover stew'라고 하면 왠지 오히려 먹고 나면 숙취가 생기는, 알코올을 넣은 음식으로 오해할 것 같다. 'Hangover reliever soup' 정도면 뜻이 통하겠지만, 이 역시 민간요법에 나오는 요리의 이름 같다. 러시아어로 해장국에 대해 '숙취 없애주는 수프(Суп от похмелья)'라고 설명하니 현지인들이 그 뜻을 알아듣는 듯하긴 했지만 완벽히 이해한 것 같지는 않았다.

사실 외국 사람들이 해장의 개념을 쉽게 이해하지 못하는 것은 해장이라는 행위에 대한 태도의 차이 때문인 것도 같다. 한국에서 해장은 보통 시원하고 개운한 뒷맛을 가진 국물을 마시는 것을 의미한다. 하지만 러시아인들의 경우에는 따로 해장이랄 게 없다. 러시아 술꾼들은 보통 술에서 깨기 위해 아침에 맥주나 주스를 마시기 때문이다. 진짜 술꾼들은 보드카를 한잔 들이킨다고도 하는데, 이쯤 되면 거의 사회생활을 하기 힘들 정도의 알코올의존증이

의심된다.

나도 딱 한번 러시아식으로 해장을 해본 적이 있다. 러시아를 비롯해 구소련의 여러 국가에서는 8월 15일을 '고고학자의 날'로 정해서 이날 현장에서 잔치를 벌인다. 유학 시절 나는 이날 잔치에 참여한 뒤 다음 날 숙취로 머리가 아파 텐트에서 비틀대며 걸어 나왔다. 그 모습을 본 현지인 친구가 내게 시원한 무언가가 담긴 컵을 내밀었다. 목이 말랐던 나는 잠이 덜 깬 상태에서 '콜라 같은 건가 보다' 하면서 친구가 준 음료를 벌컥벌컥 마셨다. 마시고 나니 맥주였다. 마실 것이 마땅치 않았던 시베리아 한복판이어서 현장에 있는 시원한 맥주를 건넨 것 같았다. 어쨌든 숙취 상태에서 시원한 맥주를 들이켜니 갈증이 풀리고 개운해지는 느낌이었다. 실제로 술이 깼는지는 알 수 없는 일이었지만.

알코올 분해 효소가 선천적으로 많은 서양인들은 이처럼 주로 도수가 낮은 술을 마시며 해장한다. 위스키의 본고장이자 술꾼 많기로 유명한 스코틀랜드에서는 해장술을 '개털(hair of the dog)'이라고 한다. 늑대 같은 맹수에게 물린 상처는 그 짐승의 털을 문지르면 낫는다는 미신에서 비롯된 말로, 쉽게 말해 '술병은 술로 고친다'라는 뜻이다.

반면, 알코올 분해 효소가 서양인에 비해 선천적으로 적은 아시아인들의 경우에는 술로 해장하는 경우가 거의 없다. 중국 사람들은 해장 음식으로 연두부와 쌀죽, 일본 사람들은 된장국(미소시루)에 낫토를 먹는다. 몽골 사람들은 원래 우유를 발효시켜 약하게 알코올 성분이 함유된 쿠미스를 마시며 해장을 했지만, 요즘에는 러시아의 영향으로 맥주를 많이 먹는다.

각 나라마다 저마다의 해장 문화가 있지만, 우리나라만큼 '해장'이란 단어가 널리 쓰이는 나라는 없는 것 같다. 한국에는 아예 '해장국'이라는 음식이 따로 존재할 정도다. 한국에서 해장국을 마시는 행위는 일종의 사회생활의 한 부분으로 깊숙이 자리를 잡았다. 요즘은 많이 줄어들었지만 예전에는 회식을 한 다음 날이면 으레 함께 술자리를 한 이들 중 한 명이 "오늘은 해장국이나 할까?"하며 전날 멤버들을 다시 불러내어 합동으로 숙취 해소를 하기도 했다.

다 같이 모여 해장을 하면서 전날 과음으로 인해 상했을 서로의 건강을 생각해주고, 간밤의 여흥을 맑은 정신으로 거듭 이어가는 해장 문화는 공동체를 중요시하는 한국 특유의 문화라고 여겨진다. 우리나라보다 술을 더 좋아하는 러시아나 폴란드에도 이런 지혜로운 해장 문화가 없다. 지금 당신이 마시는 한 잔의 술이 더욱 행복한 이유는 아마도 내일의 따뜻한 해장국이 있기 때문은 아닐까?

II

놀이
Play

놀고 즐기며 유희하다

놀이

인류의 진화를 이끈
즐거운 유희

넷플릭스 오리지널 드라마 〈오징어 게임〉의 인기로 인해 40여 년 전 유행했던 한국 아이들의 놀이가 전 세계적으로 인기를 얻은 바 있다. 천진난만한 아이들의 놀이가 잔인한 어른들의 생존 게임으로 이어지는 이 드라마에 왜 세계는 열광했을까?

인류 역사에서 놀이의 의미는 단순하지 않다. 가령, 험난한 자연 환경을 딛고 유라시아를 제패한 유목 전사들에게 놀이는 잔인한 세상의 축소판이었다. 어린 시절 놀이를 통해 키운 실력은 이들 군사력의 원천이었다. 그럼 지금부터 고고학 유물에서 발견되는 고대인의 놀이 흔적과 그 속에 담긴 숨겨진 의미를 살펴보자.

놀면서 배우는 초원의 지혜

인간은 다른 동물과 달리 태어난 후 몇 년간 부모와 사회의 집중적인 보호를 받으며 생존에 필요한 지식을 배워나가야 한다. 이 기간 동안 인간은 다른 사람(보통은 자신과 가까운 성인)의 모습을 흉내 내고 따라 하며 앞으로 삶을 영위해나갈 때 긴요한 정보들을 습득한다.

어린아이들에게 놀이는 그 자체로 즐거운 유희다. 더불어서 놀이를 통해 아이들은 사회의 규칙을 습득하고 자신을 둘러싼 환경에 적응해나간다. 4~5만 년 전의 것으로 추정되는 구석기시대 동굴벽화에서부터 고구려 벽화에 이르기까지 벽화에 그려진 그림들은 고대인들이 사물을 모방하고 학습하는 교재 역할을 했다. 가령, 고대의 아이들은 벽화에 그려진 야생 소를 사냥하는 그림을 보고 야생 소의 모습은 어떠한지, 야생 소를 잡으려면 어떻게 해야 하는지를 배웠을 것이다.

고대 유목 민족의 아이들은 말타기, 활쏘기, 씨름과 같은 놀이를 통해 기마민족으로서의 정체성을 쌓아나갔다. 2,000년 전 중국 북방을 호령했던 흉노족에 대해 기록한 중국 역사서에는 흉노족 아이들은 어려서부터 양을 타고 작은 동물을 사냥하는 놀이를 하며 기마술을 익힌다고 적혀 있다. 유목 민족 아이들은 걷기도 전부터 기마 놀이를 하며 말 타는 법을 익힌 셈이다. 그 결과, 그들의 넓적다리는 기마 자세를 하기에 편하도록 변형되기도 했다. 실제로 초원 기마 전사의 무덤 발굴 현장에서 출토된 그들의 다리뼈를 살펴보면 말의 등에 잘 달라붙을 수 있도록 다리가 O자형으로 휘어져 있다.

중국 신강성에서 발견된 3,000년 전 시먼즈(石门子) 암각화.

샤먼과 함께 잔치를 하는 장면(카자흐스탄의 암각화).

| 현대 몽골의 나담 축제에서 아이들이 말 경주하는 모습.

어린 시절부터 놀이를 통해 체화한 능력으로 인해 이들 유목 민족들은 주변의 여러 나라를 가차 없이 몰살시킬 만큼 가공할 능력을 지닌 기마 부대를 갖추게 된다. 흉노에서부터 몽골 그리고 16세기까지 존속한 티무르 제국에 이르기까지 약 2,000년간 초원의 전사들이 유라시아를 제패한 배경에는 어릴 때부터 놀이로 단련한 기마 전사로서의 실력이 숨어 있다.

유목 민족에게 놀이는 제사의 한 양식이기도 했다. 수천 년 전 유목 민족들이 누렸던 흥겨운 놀이는 지금도 그들이 새긴 암각화에 잘 남겨져 있다. 그들은 1년에 두 번 조상의 무덤 근처에 만든 암각화 터에서 모였다. 이들은 이곳에서 잔치를 열고 다양한 놀이를 하며 서로의 능력을 겨루었다. 중국 신장성 후두비에 위치한 시먼즈라는 암각화에는 우리나라의 '무궁화꽃이 피었습니다'와 같은 놀이처럼 모든 사람이 춤을 추다 똑같은 포즈로 정지한 듯한 장면이 새겨져 있다.

그뿐만 아니라 세계문화유산이기도 한 카자흐스탄의 탐갈리 암각화에서는 마치 현대 화가 키스 해링의 그림을 연상시키는 그림체로 고대인들이 흥겨운 놀이와 활쏘기를 즐기는 모습의 그림이 빽빽이 채워서 있다. 흥겨워 보이는 놀이와 축제의 장 뒤에는 혹독한 자연환경을 떠돌며 유목 생활을 하고 전쟁을 치르며 늘 삶과 죽음의 기로에 놓여 있었던 유목민들의 지혜가 가득 담겨 있다. 몽골에서는 지금도 매년 여름이면 '나담'이라는 축제가 열린다. 이 축제에서는 말타기, 활쏘기, 씨름 등을 통해 승부를 겨루는데 이는 모두 수천 년간 유라시아를 제패했던 유목 민족의 지혜가 담긴 놀이들이다.

〈수렵도〉에 나타난 고구려인의 놀이

북방 유목 민족이 초원에서 즐겼던 놀이는 이내 널리 확산된다. 고구려 벽화에 표현된 다양한 씨름 장면과 사냥하는 모습이 이를 증명한다. 고구려인들도 어린 시절부터 놀이를 통해 사냥과 활쏘기 기술 등을 연마하며 강한 전사로 성장했다. 많은 사람에게 친숙한 무용총의 〈수렵도〉는 고구려인들이 사냥과 활쏘기를 하던

| 무용총의 〈수렵도〉.

모습을 생생하게 잘 보여준다.

　그런데 이 〈수렵도〉를 가만히 들여다보면 이상한 구석이 한두 군데가 아니다. 〈수렵도〉 아래쪽에 위치한, 발걸이(등자)를 찬 고구려 기마 전사는 사냥개와 함께 호랑이를 사냥한다. 그런데 놀랍게도 이 전사가 겨누고 있는 화살 끝은 뭉툭해서 실제 호랑이를 죽일 수 없어 보인다. 보통 유라시아 일대에서 발견되는 수렵도를 살펴보면 사람을 향해 입을 벌리고 공격하는 호랑이에 맞서서 화살을 겨누는 모습이 많다. 그런데 무용총 〈수렵도〉의 호랑이는 사냥개에 쫓기며 꽁무니를 내빼는 중이다. 아무리 생각해도 의아한 이 장면을 이해하는 실마리는 '뭉툭한 화살'이다. 〈수렵도〉에 그려진 장면은 실제 수렵 장면이 아니라 길들인 야생 호랑이를 대상으로 수렵 연습을 하는 장면이다. 일종의 사냥 놀이를 하는 모습이라고 볼 수 있는 셈이다.

이번에는 〈수렵도〉 위쪽을 살펴보자. 도망가는 사슴을 파르티안 사법(등 뒤로 돌아서 화살을 쏘는 기법)으로 겨누는 전사가 보인다. 이 장면도 이상하기는 매한가지다. 사람이 무서워서 도망가는 사슴을 잡으려면 그대로 따라가서 사냥하면 될 것을 왜 도망가는 사슴과 반대로 달려가면서 뒤로 돌아 활을 쏘는 것일까? 파르티안 사법은 말과 하나처럼 움직이던 유목 민족의 전매특허 기술이다. 페르시아와 실크로드 일대에서 발견된 고대 벽화에서는 사람에게 달려드는 사자나 표범 같은 맹수를 피해 도망치는 시늉을 하다가 절체절명의 찰나에 몸을 돌려서 역으로 사냥을 하는 장면이 등장한다. 이는 맹수에게 잡아먹힐 뻔한 긴장되는 순간에 오히려 맹수에게 달려들어 사냥하는 전사의 용맹함을 표현한 것이다. 그런데 〈수렵도〉에 그려진 전사는 맹수도 아닌, 도망가는 사슴을 향해서 파르티안 사법을 구사한다. 다소 쓸데없이 유려한 기술을 선보이는 셈이다. 이는 곧 이들이 실제로 사냥을 하는 중이 아니라 새로운 활쏘기 방법을 수행하는 중이라는 의미다.

고구려가 강력한 군사력을 지닌 국가로 거듭날 수 있었던 배경에는 북방 초원의 유목 민족이 보유한 선진적인 전술과 무기를 적극적으로 받아들인 덕분이다. 고구려인들은 놀이를 통해서 초원의 선진적인 기마술을 수용하고 습득하는 지혜를 발휘했다.

놀이의 미래

오래전 인류가 향유했던 놀이는 이후 몸을 움직이는 것에서 보드게임 같은 추상적인 형태로도 발전했다. 인류가 발명한 보드게임의 대표적인 것이 바로 체스나 장기, 바둑이다. 한국식 보드게임의 기원이라고 할 수 있는 고누는 삼국시대부터 널리 유행했다. 이처럼 말을 두고 수를 겨루는 추상적인 놀이는 발해에도 널리 퍼져서 발해 성터에서는 토기나 기와 쪼가리로 만든 장기 말이 수도 없이 출토된다. 발해의 고누는 여진족들 사이에도 널리 퍼져서 이후 극동 지역을 대표하는 보드게임으로 등극한다. 추상적인 사고가 더해진 놀이를 통해 인류는 육체적인 전투력만 겨루는 것이 아니라 전쟁터에서 구사할 수 있는 다양한 전술을 개발하고 발전시켰다.

몇 십 년 전만 해도 골목길에서 많이 했던 오징어 게임이나 구슬치기는 대략 1980년대 초를 기점으로 서서히 그 자취가 사라졌다. 텔레비전이 널리 보급되고 흙바닥이었던 골목길이 아스팔트 포장도로가 되었기 때문이다. 21세기 들어서 대부분의 놀이는 온라인에서 구현되는 중이다.

놀이는 사회의 변화에 따라 그 형태와 방식이 더불어 바뀐다. 그리고 그 변화는 앞으로도 계속 이어질 것이다. 하지만 놀이가 어떠한 형태로 바뀌든 간에 놀이를 통해서 인간이 인생을 배우고 삶의 지혜를 얻는다는 본질은 크게 바뀌지 않을 것이다. 가장 한국적인 놀이를 소재로 한 드라마가 전 세계적인 인기를 얻었던 이유는 놀이에 숨겨진 가장 보편적인 호모사피엔스의 생존 본능을 건드렸기 때문인지도 모른다.

고인돌

협력하고 공생하는

인간의 기원

인간의 역사에서 가장 위대한 사건은 무엇일까? 직립보행, 호모사피엔스의 등장, 언어의 사용, 국가의 등장 등 여러 가지가 있겠지만, 나는 단연 농경의 도입이라고 말하고 싶다. 농경은 빙하기가 끝난 이후 지난 1만 년의 인류 역사를 되돌아보았을 때 오늘날 인류세를 탄생시킨 시초였다. 인간은 농경을 위해 모여 살기 시작하면서 공동체를 형성했다. 이 공동체들은 이후 도시와 국가, 다양한 사회체제의 발달로 이어진다.

농경 생활은 야생에서 각자도생하던 인류가 협력을 모색하고 공생하는 방법을 고민하도록 촉진했다. 더불어 사는 지혜를 모색하게 됨으로써 연약한 인간은 자연을 통제하고 유리하게 활용할 줄 아는 힘을 얻게 되었다. 제의와 장례 의식을 비롯한 다양한 인간의 문화도 공동체의 결속을 다지기 위한 방편에서 시작되었다. 인류 문명사에서 농경의 시작을 '혁명'이라고 부르는 이유가 바로 여기에 있다.

농사, 생사를 건 인류의 도박

그렇다면 농사는 언제, 어디에서부터 시작되었을까? 예전에는 근동의 '비옥한 초승달 지대(지중해 동안의 팔레스타인에서 북부 메소포타미아, 이란 고원에 이르는 지역)'에서 처음 발생해 전 세계로 퍼져 나갔다는 설이 우세했다. 하지만 오늘날 고고학계에서는 다지역 기원설을 더 지지한다. 중국에서도 약 1만 년 전부터 농사가 시작되었음을 보여주는 증거가 나왔다. 남아메리카에서는 약 1만 2,000년 전부터 호박, 박, 구근류 같은 것을 재배한 흔적이 발견되었다. 즉, 농사는 동시다발적으로, 지역마다 독자적으로 발달했을 가능성이 크다고 본다.

사실 농사는 위험한 도박이었다. 농경의 도입은 직립보행과도 견줄 수 있다. 직립보행은 동물적인 능력을 희생함으로써 당장의 생존 가능성은 줄어들게 만들었지만, 그 대신 두뇌의 폭발적인 발전을 가져왔다. 이로써 장기적 관점에서 인간의 생존 가능성은 훨씬 더 늘어났다. 농사도 마찬가지다. 사냥과 채집은 자연의 변화에 빠르게 대처할 수 있기 때문에 환경 적응성이 강한 활동이다. 눈앞의 먹잇감을 쫓거나 열매를 따면 그만이다. 만일 사냥감이 보이지 않거나 더 이상 채집할 거리가 없으면 다른 지역으로 이동하면 된다.

반면, 농사는 한번 시작하면 그 지역에 머무르면서 자신의 모든 삶을 농사에 걸어야 했다. 또한, 의외로 영양 상태의 불균형을

초래했다. 사냥과 채집을 하다 보면 다양한 영양소를 섭취할 수 있었던 데 반해, 농사를 지을 경우 자연에서 나는 다양한 음식 자원을 포기하고 오로지 선택해서 키운 작물만 먹어야 했다. 조금 과장해서 말한다면 비자발적 '원 푸드 다이어트'인 셈이다. 아이러니하게도 농사를 지으면서 인간의 신장은 더 작아졌고 각종 질병에 시달리게 되었다. 또한, 농사로 인해 전쟁이나 갈등의 빈도 더 더욱 심해졌다. 사냥과 채집 대신 농사를 선택한 상황에서 곡물 생산량이 떨어질 경우, 생존을 위한 유일한 방법은 약탈이다. 비축해둔 식량은 인간뿐만 아니라 야생동물로부터도 지켜야 했다. 신경 써야 할 일들이 한층 더 많아진 것이다.

하지만 이러한 여러 단점에도 불구하고 농사만의 장점들이 있었는데, 그중 가장 주요한 장점은 인간 삶의 예측할 수 없는 요인들을 최대한 제어할 수 있게 된 것이다. 가령, 농사를 잘 지으려면 치수(治水)가 관건인데, 수리와 관개 시설에 관심을 기울임에 따라 인류는 홍수나 가뭄과 같은 자연재해에 대처하는 능력을 키울 수 있었다. 또한, 사회 갈등을 줄이기 위해 공동체 내에서의 감시와 통제를 강화하게 됨에 따라 법과 규칙 체계를 만들어나갔다. 그 결과, 장기적으로 인간의 수명은 늘어났고, 인간이 만들어내는 문명도 빠르게 발전해갔다. 이처럼 농경이 도입되면서 인류는 급격한 도약을 하는데 고고학계에서는 이를 '신석기 혁명'이라고 부른다.

한반도 벼농사의 기원

한반도에서 농사가 처음 시작된 것은 대략 6,000년 전쯤이다. 물론, 그 무렵에 이루어진 농사는 소규모 형태였고, 화전농법이 도입된 흔적도 보인다. 남한에서는 중부 내륙 지역인 금강 유역에서 약 5,000년 전의 것으로 추정되는, 곡물들을 보관하던 대형 집터가 발견되었다. 신석기인들은 바다와 강이 만나는 해안가에서 살았는데, 이 시기를 전후해 본격적으로 내륙 산악 지대에 들어가서 살기 시작했다. 하지만 그 규모가 작아서 한 마을이 기껏해야 30~40가구인 수준이었다. 약 4,000년 전부터는 다시 기후가 추워지면서 원시적인 형태의 농업이 거의 사라지게 된다.

오늘날 우리가 익숙하게 떠올리는 농촌의 모습으로 바뀌는 시점은 약 3,000년 전 벼농사가 도입되면서부터다. 벼는 아열대 작물이기 때문에 동남아 기후에서 재배해야 잘 자란다. 한반도 같은 온대 지역에서 벼농사를 지을 경우 자칫 가뭄이나 냉해 등의 피해를 입기 십상이다. 즉, 이 지역에서 벼농사의 실패는 공동체의 전멸을 뜻했다. 그럼에도 불구하고 한반도에 벼농사가 널리 퍼진 이유는 전파 경로와 관련이 깊다. 한반도의 벼농사는 동남아 내지 중국 남부에서 전파된 것이 아니다. 우선 중국 대륙 남쪽에서 북쪽으로 벼농사 방법이 전해진 뒤, 만주의 요동반도를 거쳐서 한반도 남쪽으로 전파되었다. 그 과정에서 벼가 냉해를 잘 견딜 수 있도록 품종이 개량되었고, 한층 발전된 농법이 함께 전해졌다.

한반도 최초의 벼농사 모습을 추정할 수 있는 유적은 충남 부여의 송국리 유적이다. 지금으로부터 약 3,000년 전 금강 유역을 중심으로 서남부 일대에 널리 퍼져 있던 청동기시대 문화인 송국리 문화는 한반도의 대표적인 선사시대 문화다. 삼면이 바다로 둘러싸인 지형으로 인해 한반도의 신석기인들은 다양한 해산물을 잡아먹었다. 조개껍데기가 쌓여 이루어진 무더기인 조개무지는 한반도 신석기인들의 생활양식을 증명하는 근거다.

하지만 한반도에 벼농사 방법이 도입되고 청동기시대에 접어들자 조개무지들이 감쪽같이 사라졌다. 심지어 다도해나 신안 같은 섬에서도 농사를 지을 정도였다. 후에 송국리 문화권에서 벼농사를 짓던 사람들은 경남 지역까지 진출했다. 송국리 문화권 사람들이 일구고 살았던 마을은 오늘날 우리가 생각하는 전통적인 농촌의 모습과 크게 다르지 않다. 흔히 '배산임수(뒤로는 산을 등지고 앞으로는 물이 흐르는 지형)'라 불리는 지역에는 거의 예외 없이 벼농사를 짓던 송국리 문화권 사람들의 마을이 들어섰다.

농경 사회의 발달을 보여주는 증거, 고인돌

앞에서도 언급했지만 농사를 짓는다는 것은 굉장한 위험을 수반한다. 가령, 가뭄 등의 자연재해를 입을 경우 1년 동안의 노동이 한 번에 무위로 돌아갈 수 있다. 또한, 일정 규모 이상의 농사는 혼자서 해내기 어렵다. 논에 물을 대는 일부터 모를 심는 일, 가을 걷이를 하는 일 등 한 해 농사를 짓는 데 드는 노동력은 상상 이상이다. 식량을 얻는 방법으로써 농업을 택하는 순간, 인류에게는 협동이라는 과제가 주어진 셈이다. 풍년을 기원하며 하늘에 올리던 제의와 공동체를 결속하기 위한 다양한 체제들은 농경의 부산물이다.

청동기시대의 대표적인 무덤 형태인 고인돌은 농경으로 인한 인류의 변화를 고스란히 보여주는 유적이다. 고인돌은 큰 돌을 몇 개 둘러 세우고 그 위에 넓적한 돌을 덮은 무덤을 일컫는다. 고인돌은 거석문화를 대표하는 문화유산으로 초기 철기시대까지 이어졌는데, 한반도를 비롯해 동북아시아는 고인돌 밀집 분포 지역이다. 농한기에 인류는 거대한 고인돌을 만들고 다양한 의례를 벌였다. 가을걷이를 마치고 겨울이 되면 사람들은 근처 채석장에서 돌을 떼어서 마을의 족장을 모시기 위한 고인돌을 세웠다. 농사를 지을 때 협력했던 것처럼 커다란 돌을 옮기고 세우며 고인돌을 만드는 과정을 통해서도 사람들은 하나의 공동체로 결속되어갔다.

그렇다면 고인돌 축조와 제의는 언제부터 시작되었을까? 일찍이 중국에서는 약 3,500년 전인 상나라 때부터 다양한 청동 그릇을 사용해서 제사를 지냈다. 한반도에 살던 청동기인들의 제사는 중국과 조금 다른 방식으로 이루어졌다. 그 모습은 국립중앙박물관에서 소장 중인 '농경문 청동기'에 잘 드러나 있다. 가로 약 12센티미터, 세로 약 7센티미터에 불과한 작은 청동판 앞면에는 벌

| 인천 강화도의 고인돌.

거벗은 채로 밭을 가는 사람들이, 뒷면에는 솟대 위에 새가 앉아 있는 모습이 그려져 있다. 실제로 함경도와 평안도 일대에서는 입춘에 벌거벗고 밭을 가는 풍습이 있었다고 한다.

밭을 가는 사람 옆에 술을 담은 단지가 놓여 있는 것도 주목할 만하다. 제사와 의식에서 술이 빠질 수는 없는 법이다. 실제로 고인돌 발굴 현장 주변에서는 깨진 토기들이 흩어진 모습을 많이 볼 수 있다. 이는 음복 후에 술을 담았던 잔이나 단지를 깬 흔적이다. 그러고 보면 농경문 청동기는 단순히 청동기시대 한반도의 농경 생활을 묘사한 유물이 아니다. 샤먼이 알몸으로 풍년을 기원하며 제사를 지내는 장면이 그려진 것으로 보는 편이 더 적절하다.

청동기시대에 제사를 올리는 장면을 추측하게 해주는 유물은 농경문 청동기 말고도 또 있다. 전남 여수시 오림동 고인돌이 그것이다. 여수에서는 1,000기가 넘는 고인돌이 발견되었는데, 그중

| 전남 영암군의 고인돌. 한반도 남쪽, 특히 전라도는 고인돌 유적이 널리 분포한 지역이다.

오림동 고인돌은 암각화로 유명하다. 가운데 꽂힌 석검을 향해 두 사람이 제사를 지내는 모습이 새겨져 있는데, 두 사람 모두 두 손을 가지런히 모은 상태로 한 명은 무릎을 꿇고 있고, 뒤편의 사람은 공손한 자세로 서 있다. 칼을 향해 제사를 지내는 것이 이상하게 보일지 모르겠으나 사실 유라시아 일대에서 칼은 용맹했던 전사를 가리키는 상징이었다. 경북 김천시 송죽리나 강원도 춘천시 중도에서는 고인돌 앞에 실제로 검이 꽂혀 있는 모습이 발견되기도 했다. 즉, 여수시 오림동 고인돌에 새겨진 장면은 용감한 전사였던 조상에게 제사를 지내는 모습으로 추정된다. 이 고인돌 암각화에서도 그릇이 보이는데, 농경문 청동기에 새겨진 단지처럼 술을 담았던 그릇으로 여겨진다.

제의, 공동체 결속을 위한 축제

여수시 오림동 고인돌에서도 알 수 있듯이 고인돌은 제사와 의례의 공간이었다. 그리고 당시의 제의는 공동체를 결속시키기 위한 축제 그 자체였다. 먼저 세상을 떠난 이들을 추모하고 그 영혼의 행복을 기원하면서 인류는 죽음에 대한 두려움을 극복하고 공동체를 유지시켜나갈 수 있었다. 농경의 시작과 더불어 협력의 중요성을 깨달은 인류는 각종 제의를 통해 농경이 가진 단점—흉년으로 인한 기근, 사회 갈등의 증가 등—을 효과적으로 쇄신하고,

위기를 극복하면서 한층 더 단단하게 결속할 수 있었다.

지금까지 인류가 구축해온 대개의 문명은 협력을 기반으로 한다. 앞서 언급한 농경은 말할 것도 없고, 피라미드나 고인돌처럼 육중하고 거대한 고대의 문화유산들은 개인의 힘으로는 불가능한 성취다. 이는 무리를 이끄는 이의 지도력 아래 다수의 공동체 일원들이 협동하고 합심한 결과물이다.

오늘날의 사회를 표현할 때 '각자도생의 시대'라는 말을 많이 한다. 다 함께 잘살기 위한 방법을 모색하기보다는 나 자신의 안위가 우선순위인 시대의 초상은 꽤나 비정하고 안타깝다. 전 지구적인 환경오염, 사회의 양극화 등 인류의 생존을 위협하는 위기의 기저에는 인간의 이기주의가 도사리고 있다고 여겨진다. 너무 순박한 바람은 아닐까 싶기도 하지만, 오래된 유물로부터 지금을 살아갈 지혜를 얻는 고고학자의 눈에는 공동체의 안위를 바라며 하늘에 제의를 올리던 청동기인의 둥글고 어진 마음에 이 시대의 문제를 풀어나갈 답이 있을 것도 같다.

업어 치고 메어치는 가운데

하나가 되다

격투기는 인류의 탄생과 더불어 발달해온 가장 원초적이고도 오래된 스포츠다. 인간에게 내재된 폭력성을 해소함과 동시에 적으로부터 자신을 지켜낼 수 있도록 단련하는 가장 좋은 방법이었기 때문이다. 씨름으로 대표되는 우리 무술의 역사를 통해 고대부터 이어져 온 격투기의 역사를 살펴보자.

〈각저도〉에서 만나는 고구려 씨름의 흔적

오늘날 레슬링은 두 명의 선수가 맨손으로 맞붙어 상대의 두 어깨를 1초 동안 바닥에 닿게 하여 승부를 겨루는 격투기의 한 종류로 정의된다. 하지만 여기에서는 레슬링을 별개의 격투 종목으로 지칭한다기보다 별다른 장비 없이 인간의 육체적인 힘만으로 승부를 겨루는 인류 태초의 격투기 전반을 레슬링으로 통칭한다.

아주 오래전부터 유라시아 초원 일대에서는 격투기가 널리 성행했다. 구석기시대 이후의 것으로 추정되는 유라시아 일대의 암각화에는 주먹으로 겨루기를 하는 전사들의 모습이 흔히 보인다. 레슬링 하는 인류의 모습은 전 세계 곳곳에 비슷한 형태로 남아 있다. 가령, 성경에서 야곱은 천사와 씨름을 해서 '이스라엘'이라는 이름을 얻는다. 호메로스의 서사시 〈일리아드〉에는 아킬레스의 장례를 지내면서 사람들이 씨름 경기를 벌이는 장면이 묘사된다. 정확히 어디에서 기원했다고 말하기 어려울 정도로 '맨몸으로 겨루기'는 인류 태초의 놀이였다.

한국의 씨름도 레슬링의 일종이다. 2018년, 남북한이 씨름을 유네스코 인류무형문화유산에 공동으로 등재할 때 공식적으로 채택한 영문 명칭이 'Korean wrestling(한국 레슬링)'이다. 고구려 고분벽화에 묘사된 씨름 장면을 통해 추정하건대 우리나라에서는 이미 오래전부터 다양한 씨름 기술이 발달했다. 요즘의 씨름 방법처럼 서로의 허리춤을 잡고 있는 모습(각저, 角觝), 일본의 스모나 몽골의 씨름처럼 서로 떨어져서 겨루는 모습(수박, 手搏) 등이 고루 관찰된다.

고구려시대에 씨름은 국제적으로 치러지기도 했다. 무용총의 〈각저도〉에는 고구려인과 서역에서 온 호인(胡人)들이 결투하는 모습이 그려져 있다. 이 국제 타이틀 매치에는 심지어 심판도 있었다. 경기가 치러지는 장소도 주목할 만하다. 경기 중인 사람들의 왼쪽 편에는 신령하고 상서로운 기운을 드러내는 나무 한 그루

고구려 무용총의 〈각저도〉.

무용총의 〈각저도〉를 다시 그린 그림(국립중앙박물관 소장).

가 우뚝 서 있다.

무용총의 〈각저도〉에 묘사된 고구려의 씨름은 흉노와 같은 유목 민족의 풍습과 깊은 관련이 있다. 기원전 2세기경에 만들어진 흉노의 허리띠에는 씨름하는 모습이 새겨져 있는데 〈각저도〉에 그려진 것과 비슷한 형태의 나무 밑에서 경기가 이루어지고 있었다. 유목 민족들은 자신들이 신성시하는 신목(神木) 근처에서 하늘에 올리는 제사와 각종 의식을 치렀다. 이 의식의 하이라이트는 각지에서 모인 사람들이 벌이는 씨름 경기였다. 다양한 출신지의 사람들이 모여서 '국제 시합'을 겨루는 동안 각국의 다양한 씨름 기술이 전해졌다. 흉노의 허리띠에는 상대방의 한쪽 무릎을 잡고 들어 올리는 모습이 새겨져 있는데 이는 고대 그리스 주화에 새겨진 레슬링 모습과 유사하다. 심지어 이 기술은 오늘날 한국 씨름에서도 흔히 볼 수 있는 기술이다. 이는 수천 년 전부터 동서양이 서로 교류했음을 알려주는 증거다.

씨름하는 장면이 새겨진 흉노의 허리띠는 중국 한나라의 수도인 장안에 왔다가 객사하는 바람에 중국 본토에 묻힌 흉노 사신의 무덤에서 발견된 유물이다. 유목 민족에게 허리띠는 자신을 상징하는 가장 중요한 액세서리였다. 당시 흉노의 사신은 젊은 시절 씨름 대회에서 승리한 것을 기념한 허리띠를 둘러메고 중국으로 왔을 것이다. 사람들은 객지에서 죽은 그를 안장하며 그의 시신 위에 유품인 허리띠를 둘러주었을 것이다.

지금도 몽골과 중앙아시아의 여러 국가에서는 씨름이 말타기,

레슬링 하는 모습이 새겨진
고대 그리스의 주화.

활쏘기와 더불어 인기가 높은 스포츠 종목으로 손꼽힌다. 언제나 강력한 군사력을 유지해야 했던 유목 전사들은 말에서 내려 잠시 쉴 때면 샅바를 잡고 뒹굴며 여흥을 즐기는 동시에 체력도 증진하고 전사로서의 역량을 키웠다. 고구려 고분벽화에 남겨진 씨름 그림은 유목 전사들의 기술을 전수받아 강력한 군사력을 키워나갔던 고구려의 모습이 담겨 있는 귀중한 유물이다.

씨름, 엔터테인먼트로 변화하다

유목 전사들의 놀이였던 씨름이 귀족들의 오락거리로 바뀐 시기는 중국 한나라 때다. 북방의 흉노를 꺾은 중국은 유목 전사들의 스포츠를 궁중의 오락거리로 만들었다. 중국 황실은 주변국

| 중국 전국시대 호인들의 씨름상.

사신이 방문하면 보란 듯이 씨름을 공연했다. 한반도에도 전해진 '수박희' 또는 '각저희'가 여기에서 시작된 것이다. 사료에는 136년에 부여 왕이 한나라를 방문하여 씨름을 함께 봤다는 내용이 있다(《후한서》, 〈동이열전〉). 한나라 황제는 부여 왕 앞에서 유목 민족 출신인 선수들이 씨름하는 모습을 보여주며 국력을 과시했다.

한국과 중국 사이에서 벌어진 김치 원조 논쟁처럼 한중일 삼국간에도 격투기의 원조가 누구냐를 두고 날카로운 경쟁이 벌어지곤 한다. 중국은 한나라 궁중에서 벌인 수박희를 근거로, 한국과일본은 각각 태권도와 가라테를 두고 서로가 동양 격투기의 원조 국가라고 다툰다. 하지만 맨몸으로 승부를 겨루는 형태의 격투기는 누가 원조랄 것도 없다. 전 세계 각지에서 인류의 시작과 함께 모두가 즐기던 원초적인 스포츠였으며, 특히 북방 유목 민족 사이에서 널리 발달했기 때문이다. 따라서 한중일 삼국이 누가 동양 격투기의 원조인지 논쟁하는 일은 사실상 의미가 없다.

맨몸으로 겨루는 격투기는 수많은 사람이 죽고 다치는 전쟁을 방지하는 기능도 한다. 여기에서 잠시 시선을 서양으로 옮겨보자. 같은 시기 그리스에서 시작한 격투기는 로마에도 널리 퍼져 유행하게 된다. 전차 몰기, 복싱, 검투, 판크라티온(고대 올림픽에서 맨손으로 하던 격투기의 일종으로 레슬링과 복싱이 혼합된 경기) 등이 그것이다. 고대 서양의 격투 경기는 목숨을 걸고 벌이는 잔인한 경기가 대부분이었다. 반면, 동아시아에서 이루어진 격투 경기는 상대에게 위해를 가하지 않으면서도 즐거움을 주는 오락이었다. 놀이로 승화된 격투 경기를 통해 당시 동아시아인들은 인간에게 내재된 폭력성을 해소했다.

맨몸 격투기에 숨은 인류의 지혜

맨몸으로 하는 격투기가 인명 사상을 줄인다는 사실은 최근의 역사적 사례로도 확인된다. 1960년대 중국과 소련 양국은 국경 지역 영유권을 두고 우수리 강의 다만스키 섬에서 큰 분쟁을 겪었다. 이때 양측은 화력 동원은 자제하면서 주먹만 사용한 싸움을 이어갔다. 처음에는 덩치 좋은 군인들을 내세웠다가 나중에 육박전이 격해지자 다른 부대에서 권투나 무술 경력이 있는 선수를 데려와 투입했을 정도다. 하지만 끝내 육박전으로 해결이 되지 않자 양측은 화력을 사용하긴 한다. 그 결과, 양측 도합 수백 명의 사상자가 발생하는 수준에서 분쟁이 마무리된다. 어떠한 전쟁도 일어나지 않는 것이 백번 옳지만, 애초부터 화력을 사용했더라면 피해 수준은 훨씬 더 커졌을 것이다.

선사시대 이래로 인간은 끊임없이 전쟁을 해왔다. 한 연구에 따르면 선사시대 사회의 90퍼센트에서 폭력 분쟁이 있었으며 적어도 2년에 한 번꼴로 실제 분쟁을 겪었다고 한다. 폭력성은 아주 오래전부터 인간 내면에 내재된 본능 중 하나다. 그렇다고 해서 폭력성을 아무 때나 드러냈다면 인간은 이미 멸종했을지도 모른다. 맨몸으로 하는 격투기는 선사시대 이래로 인간 내면의 폭력성을 적절한 방식으로 표출하면서 재미있는 의식으로 승화시킨 결과물이다.

이런 관점에서 보면 무용총의 〈각저도〉에 그려진 고구려인과 서역에서 온 호인의 결투 장면은 새롭게 다가온다. 인간은 자신과 다른 타인에게 본능적으로 두려움을 느낀다. 이 두려움이 커지면 적개심이 되기도 한다. 고구려인들이 즐겼던 씨름은 이방인에 대한 적개심을 격투 경기를 통해 해소하는 방편이었으리라. 또한, 경기가 열리는 장을 카타르시스를 느끼는 축제의 장으로 만듦으로써 모두가 하나로 화합할 수 있게 했을 것이다.

축구

데스 매치에서
세계인의 축제로

오늘날 세계인을 하나로 묶는 대표적인 스포츠를 하나 뽑으라면 단연 축구일 것이다. 올림픽 이외에 단일 종목 행사로 월드컵만큼 전 지구를 들썩이게 하는 스포츠 행사도 드물다. 의외의 사실이라고 생각할 수 있지만 축구의 역사는 생각보다 짧다. 본격적인 규칙이 등장한 것도 약 150년밖에 되지 않는다.

하지만 축구를 '둥근 공을 차는 놀이'로 확장해 그 기원을 살펴보면 이야기는 달라진다. 공차기는 인류가 지구에 등장한 이래 줄곧 해온 놀이로 고고학 연구에 따르면 세계 최초의 공놀이는 이집트에서 시작된 것으로 알려져 있다. 축구의 기원과 축구가 오늘날 세계인의 축제로 자리를 잡기까지의 과정을 두루 살펴보자.

동서양에서 고루 발현한 인류 최초의 공놀이

마야문명의 공놀이는 경기에서 지면 목숨을 잃었다. 팀을 가르고 운동장 벽에 달린 골대에 골을 넣는 경기를 했는데, 경기에서 진 사람들은 인신 공양 제물로 바쳐졌다. 흔히 배수의 진을 치고 싸우는 경기를 '데스 매치'라고 부르는데, 고대 마야인들에게는 단순한 수사적인 표현이 아니었던 것이다. 마야인들은 공놀이를 할 때 사용한 공이 태양을 상징한다고 여겼다. 이들에게 공을 주고받는 행위는 곧 빛과 어둠의 세계를 은유했다. 지금까지 중남미 대륙에서는 고대인들이 공놀이를 했던 것으로 추정되는 경기장이 1,500개가 넘게 발견되었다. 그중 가장 큰 것은 길이 96미터에 너비 30미터에 달하는 치첸 이트사(Chichén Itza) 유적이다. 이곳은 오늘날 축구 경기장과 견주어도 손색이 없을 정도다.

또 다른 공놀이의 발상지는 유라시아 초원이다. 드넓은 초원에서 목축을 했던 이들에게 공놀이는 무척 자연스러운 놀이였다. 처음에는 동물의 오줌보를 차고 놀기도 했지만, 이후에는 내구성이 있는 가죽으로 공을 만들어서 사용했다. 땅 위에서 하던 공놀이는 이윽고 말 위에서 공을 두고 겨루는 경기로 발전했다. 마상(馬上)에서 이루어진 공놀이는 '격구(擊毬)'라고 불리며 중국은 물론이고 한국과 일본에서도 널리 유행했다.

최근까지도 페르시아에서 기원한 줄 알았던 마상 경기의 기원이 사실은 실크로드임이 유물을 통해 밝혀졌다. 중국 신장성 샨샨

| 마야의 치첸 이트사 볼 경기장.

| 양하이 유적에서 출토된 가죽 공.

| 양하이 유적에서 출토된 공놀이 스틱.

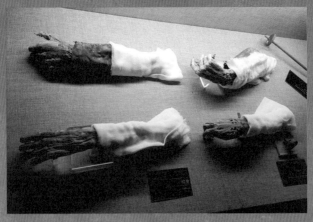

| 양하이 유적에서 출토된 볼 경기를 하던 사람의 손.

양하이 유적에서는 약 3,200년 전의 것으로 추정되는 유목민들의 무덤이 발굴되었다. 이 무덤에서는 다양한 마구(馬具, 말을 타는 도구)와 함께 공이 발견되었다. 속에 동물의 털을 채워 넣고 겉은 가죽으로 감싼 형태의 공이었다. 표면에는 팀을 구분이라도 하듯 붉은 줄을 둘러놓기도 했다. 심지어 지금도 사용이 가능할 법한 스틱까지 발견되었다.

실크로드 초원에서 이루어진 인류 최초의 공놀이가 어떤 규칙으로 진행되었는지는 아직 알 도리가 없다. 다만 무덤의 주인공들이 어떤 모습인지는 짐작해볼 수 있다. 이들의 시신 중 일부가 미라 형태로 발견되었기 때문이다. 20대에서 40대 초반으로 추측되는 시신의 팔뚝에는 문신이 그득했다. 공놀이 선수들은 자신만의 문신을 뽐내며 초원을 힘차게 누볐을 것이다.

북방 유목 민족들이 즐기던 공놀이는 서양의 폴로, 동양의 격구로 그 명맥이 이어졌다. 고대에 제작된 공은 대개 가죽으로 만들어졌다. 탄성이 좋은 고무가 공의 재료로 쓰이게 된 것은 비교적 최근의 일이다. 게다가 발굴된 유물을 근거로 추정하면 이들이 사용했던 스틱도 40센티미터 정도로 길이가 짧은 편이다. 이로 미루어 짐작하건대 마상에서 공놀이를 하려면 말을 탄 상태에서 몸을 거의 땅바닥에 닿을 만큼 엎드려 볼을 튕길 줄 아는 재주가 필요했을 것이다. 즉, 북방 유목 민족들이 마상 경기를 즐겼다는 사실은 이들이 최고의 기마술을 갖고 있었음을 의미한다. 같은 맥락에서 조선시대 무과 시험에서 가장 통과하기 어려웠던 관문은 격구였다. 약 3,000년 전 실크로드 초원에서 시작된 마상 공놀이는 강인한 전사의 상징이었다.

현대 축구의 원형, 중국에서 시작되다

현대 축구와 가장 유사한 모습이라고 할 수 있는 공놀이인 축국(蹴鞠)은 기원전 4세기에서 기원전 3세기경 사이에 중국에서 처음 시작되었다. 당시 중국은 북방 초원에 살던 유목 민족으로부터 기마술을 받아들이면서 마상 공놀이도 함께 받아들인다. 하지만 말 위에서 하는 공놀이는 중국인들에게 익숙하지 않았고, 이내 자신들에게 걸맞은 방식으로 마상 공놀이를 진화시킨다.

축국은 네모난 경기장에서 동그란 공을 차는 방식이었기에 '천원지방(天圓地方, 하늘은 둥글고 땅은 모나다)'의 철학을 구현한 놀이로 여겨졌다. 심판을 엄정히 볼 것을 맹세한 '축국의 맹세'도 사료로 전해진다. 중국인들의 축국에 대한 애호가 얼마나 지극했는지 약 2,200년 전 항처(項處)라는 사람은 탈장으로 몸을 쉬어야 한다는 순우의(한나라 시대 명의)의 충고를 무시하고 무리하게 축국을 하다가 목숨을 잃었을 정도라고 한다.

이후 축국은 한반도로도 전해져 발해와 신라 그리고 일본에까지 널리 퍼졌다. 우리나라에도 축국과 관계된 유명한 일화가 있다. 김유신과 김춘추의 혼인 동맹에 대한 이야기다. 《삼국유사》에 따르면 훗날 태종 무열왕이 되는 김춘추는 어느 날 김유신의 집에서 축국을 하게 된다. 김유신은 축국을 하던 도중 고의로 김춘추의 옷고름을 밟아 끊어지게 만들고 자신의 집에서 수선을 하라고 권한다. 김유신은 자신의 누이를 불러 김춘추의 옷을 꿰매게 한다. 이 일을 계기로 김춘추는 김유신의 집에 자주 왕래하게 되고 이후 김춘추와 김유신은 혼사를 통해 한 집안사람이 된다.

삼국시대에는 꽤 인기 있던 축국은 고려와 조선을 거치면서 그 인기가 수그러든다. 마상 공놀이인 격구가 무과 필수 과목이었던 것과 비교된다. 짐작건대 축국은 신체가 부딪쳐야 하고 다툼이 많은 놀이라 성리학적 유교 사회에서는 크게 장려하지 않았기 때문인 것 같다. 민간에서는 축국 대신에 편을 갈라서 돌을 던지며 싸우는 석전(石戰)이 유행했다.

폭력에서 평화의 상징으로

현대 축구는 영국에서 시작되었는데 초기에는 전쟁과 폭력으로 점철된 스포츠였다. 영국 킹스턴 어폰 템스와 체스터 지역에서는 전쟁 중에 베어버린 덴마크 왕자의 머리로 축구 게임을 했다는 전설이 전해진다. 이와 유사한 전설이 중국에도 있는데, 황제가 치우(蚩尤, 중국 고대 신화에 나오는 인물)와 전쟁을 하고 승리한 뒤 그의 머리를 차면서 기념했다고 전해진다. 동서양 양쪽에서 비슷한 전설이 내려오는 까닭은 (잔인한 상상이지만) 공이 전쟁에서 참수한 적장의 머리를 연상시키기 때문일 것이다. 중세 이후 공놀이가 이루어지는 경기장은 사회적으로 허용된 폭력의 장이었다.

가령, 근대적인 축구 경기가 시행되기 전 영국에서는 마을 곳곳에서 공 하나를 두고 아무런 규칙이 없는 상태로 경기가 벌어졌다. 말이 경기이지 집단 난투극에 가까운 몸싸움이었다. 하지만 이런 '무규칙 난투 공놀이'를 통해 폭력성이 해소된 측면도 있었다. 축구는 전 세계적으로 인기가 있는 종목인 만큼 '훌리건'으로 불리는 극성팬들의 난동 사건도 자주 일어난다. 영국에서는 훌리건 난동으로 인해 100여 명에 가까운 사람들이 맞아 죽은 사건도 벌어졌다(헤이젤 구장 사건). 영국 브래드포드에서도 대낮의 경기장에서 훌리건들의 행패로 56명이 사망하고 수십 명이 다치는 상황이 생중계되었다.

인류는 축구를 처음 시작한 이래 지역과 환경에 따라 다양한 형태로 경기 방식을 변주해오며 명맥을 이어나갔다. 축구가 오랫동안 전 세계인에게 사랑받는 스포츠로 자리매김할 수 있었던 가장 큰 비결은 무엇일까? 여러 이유가 있겠지만 공 하나만 있으면 할 수 있는 경기인 것도 그중 하나가 아닐까 한다. 다른 스포츠 종목들에 비해 경기 규칙도 비교적 간단한 편이다. 승부를 예단할 수 없는 것도 축구의 묘미다. '공은 둥글다'라는 말이 있듯이 발끝을 떠난 공은 어디로 튈지 알 수 없다.

고대 올림픽은 그리스 도시국가들이 전쟁을 멈추고 잠시 휴전하는 기간 동안 치러졌다. 올림픽이 평화의 상징인 이유다. 격렬한 몸싸움으로 승부를 낼지언정 살육의 시간을 멈춘 인류는 그 순간 평화에 한걸음 더 가까워질 수 있었다. 축구 경기 역시 마찬가지다. 그 어느 때보다 지구 곳곳에서 국가 간, 민족 간의 갈등이 극심한 요즘, '둥근 공'처럼 '둥근 지구'에서 함께 살아가는 이들이 평화로이 공존할 수 있기를 희망해본다.

인류의 DNA에 새겨진
방랑 본능

3년 가까이 이어진 코로나 팬데믹이 종식되었다. 한동안 이동을 자제했던 사람들은 다시 여행을 계획하기 시작했다. 가파르게 상승하는 물가에 한숨을 내쉬면서도 '그래도 휴가 기간엔 여행을 가야지' 하며 조금이라도 저렴한 숙소와 비행기 표를 찾아 여러 인터넷 사이트를 방랑한다.

사실 인류는 지구상에 출몰한 이래 끊임없이 여행을 해왔다. 여기에서 여행은 여유 있는 휴식 내지 관광의 개념이라기보다는 (먼 곳으로의) 이동을 가리키는 것에 더 가깝다. 그 의미가 어떻게 변해왔건 간에 여행의 본질은 '지금 내가 머무르고 있는 장소를 떠나는 것'이다. 떠나고자 하는 욕망은 태곳적부터 인류의 DNA에 새겨진 가장 원초적인 본능이었다.

인류를 만든 세 번의 대이동

2022년 노벨생리의학상 수상자는 네안데르탈인을 연구한 스웨덴 진화인류학자 스반테 파보(Svante Pääbo, 1955~)였다. 그는 현생인류와 네안데르탈인의 유전자를 비교분석했을 때, 약 1~4퍼센트 정도 수준으로 공통된 부분이 있음을 밝혀냈다. 고고학이 유물과 유적을 통해 옛 인류의 생활, 문화 따위를 연구하는 학문이라면, 고인류학은 스반테 파보의 연구처럼 인류의 기원에 대해 연구하는 학문을 가리킨다. 고인류학계에서는 현생인류의 확산을 아프리카에서 발현한 한 줌의 집단이 환경 변화에 적응하며 이동하고 퍼져나간 과정으로 설명한다.

연구 결과에 따르면, 인류의 조상은 크게 세 번에 걸쳐서 전 세계로 확산되었다. 먼저 180만 년 전을 기점으로 호모에렉투스가 사하라 사막을 넘어 근동 지역을 거쳐 유럽과 아시아로 확산되었다. 그다음으로 약 60만 년 전을 기점으로 네안데르탈인의 조상인 하이델베르크인이 아프리카를 빠져나와서 유럽과 아시아로 퍼져나갔다. 마지막으로 현생인류인 호모사피엔스가 10만 년 전(최근에는 20만 년 전이라는 주장도 있음)을 기점으로 아프리카를 벗어나 세계 곳곳으로 확산되었다. 현생인류는 1만 7,000년 전, 베링해를 건너 아메리카 대륙까지 건너갔다. 이윽고 한 줌의 작은 집단에 불과했던 현생인류는 '인류세(人類世, Anthropocene, 인류가 지구 기후와 생태계를 변화시킴으로 인해 만들어진 새로운 지질시대)'라는 말이

창안될 정도로 지구에서 가장 강력한 영향을 미치는 생물 종으로 등극했다.

자신의 거주지를 떠나서 목숨을 걸고 이동한 사람들의 여정은 곧 인류의 역사가 되었다. 생존에 적합한 곳을 찾아 기존에 살던 곳을 떠나 개척해나갈 줄 아는 본능이 없었다면 인류는 오늘날의 문명사회를 건설하지 못했을 것이다. 오직 자신의 터전을 찾아서 새로운 곳에 성공적으로 정착한 이들만이 생존했다. 목숨을 걸고 떠날 수 있었던 인류의 용기가 우리의 진화를 선도했다.

여행, 역사를 만들다

근대 이후 관광이 발달하면서 여행은 낭만과 힐링의 대명사가 되었다. 하지만 인류의 역사에서 여행은 목숨을 건 도전이자 도박이기도 했다. 이는 비단 개인적인 여행에만 국한한 것이 아니었다. 국가가 파견하는 사신단도 위험하기는 매한가지였다.

가령, 발해는 8세기에 약 100년간 16번이나 일본으로 사신단을 파견했는데, 그중 절반은 사신단을 실은 배가 표류하거나 난파했다. 배가 전복되어 40여 명의 사신단이 수장되거나 잘못 기착해서 아이누(일본 홋카이도와 사할린 등지에 사는 종족)인들에게 사신단 전체가 살해당하기도 했다. 실크로드를 개척했던 중국 전한시대의 외교가 장건도 흉노에게 잡혀 10년 넘게 억류 생활을 했다. 그

| 실크로드를 여행하는 사람(중국 오르도스 박물관 소장).

리스 최초의 서사문학인 〈오디세이아〉나 아랍어로 쓰인 설화집인 《천일야화》에 등장하는 모험담들만 봐도 여행은 미래를 기약할 수 없는 여정이었다.

인류가 오래전부터 타지로 이동하고 교류했음을 보여주는 유물은 상당하다. 발굴 작업을 하다 보면 발굴지와는 관계없는 머나먼 지역의 물건으로 추정되는 유물이 출토되기도 한다. 가령, 크림반도에서는 3,000년 전의 것으로 짐작되는 중국 주나라 전사가 쓰던 칼과 창이 발견되었다. 트로이 유적에서는 만주 일대에서 사용하던 것과 똑같은 말 재갈과 청동 무기들이 발견되기도 했다. 우리나라에서도 1973년 경북 경주시 계림로 고분 발굴 현장에서 카자흐스탄 지역의 왕들만 사용할 수 있었던 황금 보검이 출토되었다. 당시에 이 정도로 진귀한 물건은 사람이 직접 전달했을 것

수천 킬로미터를 건너 신라로 온 실크
로드의 보검(계림로 고분에서 출토).

이다. 어떠한 연유로 카자흐스탄의 황금 보검이 과거 신라 땅으로까지 전해졌는지 그 내력을 알 수는 없지만, 분명한 것은 실크로드를 통해 초원의 민족과 신라인이 활발히 이동하고 교류했다는 사실이다.

영원으로 떠나는 여행

인간은 현실에 나 있는 길로만 여행을 떠나지 않았다. 영원한 삶을 꿈꿨던 인간은 내세에 대한 믿음과 상상을 토대로 더 멀고, 더 아득한 여행길을 떠났다. 그리고 그 믿음과 상상은 이야기가 되어 오늘날까지도 전해진다. 그중 대표적인 것이 인류 최초의 서사시로 일컬어지는 〈길가메시〉다.

〈길가메시〉는 4,800년 전 수메르 문명권 국가 중 하나인 우루크를 다스렸던, 전설의 왕 길가메시가 영생을 찾아 떠난 이야기다. 인간으로서 누릴 수 있는 모든 영화를 누리던 길가메시는 절친 엔키두의 죽음을 목도하고 영생을 얻고자 여행을 떠나지만 모험 끝에 길가메시는 영생이란 없다는 사실을 깨닫는다.

흥미롭게도 길가메시뿐만 아니라 그의 이야기가 새겨진 설형문자 점토판도 우여곡절의 여정을 겪었다. 길가메시 점토판은 본래 이라크 박물관에서 소장하고 있었다. 그런데 1991년 걸프전쟁 중 도난당해 수많은 나라를 거치며 불법적으로 반입되었고, 이후

| 길가메시 조각상(왼쪽)과 길가메시 점토판(오른쪽).

미국 워싱턴 D. C. 성경 박물관까지 건너가게 된다. 길가메시 점토판은 미국으로 반입된 이라크 고대 유물 반환 절차 과정에서 이라크로 다시 반환되었다. 고향을 떠난 지 30년 만의 귀환이었으니 길가메시 못지않은 여정을 거친 셈이다.

영생을 찾아 떠나는 여행은 수천 년간 인간의 상상 속에서 함께했다. 국내에서도 큰 인기를 얻었던 일본 만화 〈은하철도 999〉는 어머니의 죽음에 충격을 받은 주인공이 메텔이라는 여성의 도움을 받아 영원한 삶을 찾아 떠나는 여정이 큰 줄거리다. 〈은하철도 999〉의 원작은 일본 작가 미야자와 겐지(宮沢賢治, 1896~1933)

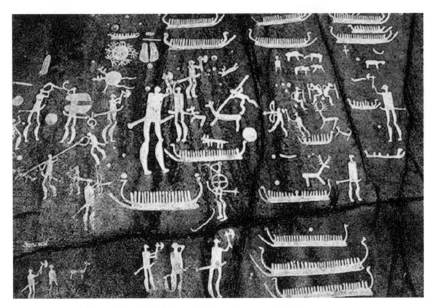

| 스칸디나비아 포솜 유적 암각화에 그려진, 배를 타고 여행하는 장면.

의 소설 《은하철도의 밤》이다. 그는 사랑하던 동생의 요절을 계기로 이 소설을 쓰게 되었다고 한다. 인간에게 죽음은 가장 큰 공포다. 영생을 염원하며 인간이 지어낸 이야기는 죽음에 대한 두려움을 극복하기 위한 방편이었을 것이다. 고고학자들의 주요 발굴 무대인 수많은 무덤은 죽은 사람이 영원을 향해 먼 길을 떠나기를 바랐던 옛사람들의 마음이 담긴 흔적이다.

영원을 향해 떠나는 여정을 묘사한 흔적은 우리나라에서도 발견된다. 그중 대표적인 것은 경남 울산시에 있는 울주 대곡리 반구대 암각화다. 반구대 암각화 가장 높은 곳, 마치 태양이 떠 있을 법한 위치에는 배를 탄 사람들의 모습이 새겨져 있다. 이처럼 태양을 향해 배를 타고 떠나는 모습이 새겨진 암각화는 북유럽과 시베리아 바닷가 암각화에서 흔히 발견된다.

유목 민족들의 무덤에서 발굴되는 인골의 모습을 통해서도 죽은 자의 편안한 저승 여행을 기원했던 옛사람들의 마음을 읽을 수 있다. 유목 민족의 무덤에서 발굴되는 인골들은 독특한 특징이 있다. 하늘을 보고 누운 형태가 아닌 옆으로 구부린 모습이라는 점이다. 그 이유는 인골 옆에서 발견된 말뼈를 통해 밝혀졌다. 시신을 기마 자세로 묻은 것이다. 이는 죽은 자가 저승길을 갈 때 천마를 타고 달릴 수 있기를 바라던 유목 민족들의 마음이 담긴 풍습이다.

여행의 본능은 인류의 진화와 생존, 번영과 안식을 두루 가능하게 했다. 현생인류는 아프리카를 떠나 자신의 영역을 점차 전 지구로 넓혀갔다. 실크로드를 비롯해 바닷길, 하늘길을 통해 인류는 다른 지역의 사람들과 활발히 교류하며 문화와 기술을 나누고 번성했다. 죽음의 공포가 덮쳐올 때는 현생인류만의 뛰어난 지적 능력으로 영원에 대한 이야기를 짓고 나누며 두려움을 달랬다. 여행은 늘 인간을 꿈꾸게 만들었다. 머무르지 않고 떠나는 인간만이 새로운 길을 열어젖힌다. 지금 당신 안에 어디론가 떠나고 싶은 갈망이 꿈틀댄다면, 그것은 곧 당신이 살아 있다는 증거다.

낙서

뇌를 쉬게 하고 싶다면
낙서를 하라

인간은 직립보행을 함으로써 많은 것을 얻게 되었다. 그중 하나가 양손의 자유다. 문명은 인간의 손끝에서 피어났다. 두 손이 자유로워진 인간은 무언가를 만들어내기 시작했다. 고고학 연구를 하다 보면 다양한 형태의 유물을 만난다. 황금이나 보석처럼 귀한 재료로 만들어진 유물도 눈길을 끌지만, 옛사람들이 남긴 사소한 흔적에서 새로운 학문적 사실을 발견할 때의 희열도 이 일을 하는 큰 즐거움이다. 그런 유물 중 하나가 옛사람들의 끄적거림이 남아 있는 물건들이다. 익명의 필체로 남은 우리 조상들의 낙서가 들려주는 재미난 이야기에 귀 기울여보자.

국보가 된 꼬마의 낙서 노트

누구나 어렸을 적에 수업 시간의 지루함을 견디지 못하고 교과

서나 공책 귀퉁이에 낙서를 끄적거린 경험이 있을 것이다. 그런데 이런 낙서는 우리들만 했던 것이 아니다. 이집트 카이로 남부에 위치한 아트리비스(Athribis)라는 곳에서 2,000년 전 어린 학생이 끼적인 것으로 추정되는 낙서가 발견되었다. 그 무렵 이집트에서는 주로 토기 쪼가리를 노트처럼 활용했는데, 반복적으로 쓴 글자와 여백 부분에 귀여운 아이의 자화상을 그린 낙서 그림도 함께 발견되었다. 메소포타미아의 점토판, 실크로드 및 중세 유럽 유적에서 발견되는 여러 문서에서도 낙서의 흔적이 흔히 보인다.

때로는 '국보급 낙서'가 발견되기도 한다. 1950년대 소련 고고학자들은 러시아에서 가장 오래된 도시인 노브고로드(Novgorod)를 대대적으로 조사했다. 우리나라의 고려시대에 해당하는 시기인 12~13세기에 번성했던 이 도시는 러시아의 다른 도시들과 달리 몽골의 침략을 받지 않아 그 위상을 이어갈 수 있었다.

노브고로드는 우리나라의 경주나 일본의 나라 같은 러시아의 대표적인 역사 도시다. 특히 노브고로드에서는 자작나무 껍질을 종이로 삼아 쓰인 문서들이 대량으로 발굴되어 슬라브어의 기원을 밝히는 데 큰 도움이 되었다. 가히 러시아의 '훈민정음' 급에 해당하는 국보들 사이에서 엉뚱하게도 사람들의 사랑을 가장 많이 받은 유물은 '온핌'이라 불리는 한 아이가 쓰던 필기 뭉치였다.

필기 뭉치의 내용에 성경 구절 등이 있는 것으로 보아 온핌은 동네의 교회 학교에서 글을 배운 것으로 추정되는데, 온핌의 필기 뭉치 곳곳에는 흥미로운 그림과 낙서가 남아 있다. 가령, 말을 타

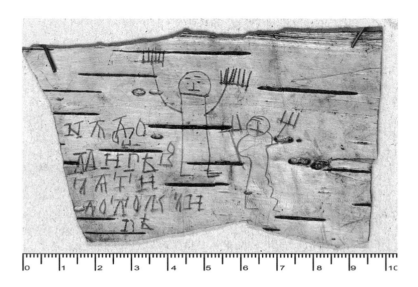

고 동물에게 화살을 쏘는 신나는 장면에는 '나는 짐승이다(한판 붙자)'라고 쓰여 있고, 교실에서 함께 수업을 받는 학생들을 그린 그림에는 '아, 벌써 6시인데…(공부하기 싫다)'라는 낙서가 쓰여 있다. 온핌은 이 필기 뭉치를 수업을 다녀오던 길에 하수구에라도 빠뜨렸던 것일까? 온핌의 필기 뭉치는 800년 후 통째로 후대 러시아인들에 의해 발견되고, 러시아인들이 가장 좋아하는 유물로 지금까지 사랑받는 중이다.

낙서, 인간의 진화와 함께하다

쓸데없어 보이는 낙서의 역사는 의외로 오래되었다. 2014년 과학 잡지 《네이처》에 흥미로운 연구가 발표되었다. 호모에렉투스의 일파로 50만 년 전 인도네시아에서 살던 자바원인의 유물이 발견되었는데 그중에는 지그재그로 낙서를 한 조개껍데기도 있었다. 당시 민물조개를 까먹었던 자바원인은 조개를 까는 날카로운 꼬챙이로 조개껍데기 위에 W 형태를 반복적으로 그렸던 것이다. 아무런 의미 없이 조개껍데기를 긁었다고 보기에는 W 형태의 무늬가 일정한 간격과 리듬을 가지고 반복되는 것이 인상적이다.

남아프리카에서 발견된, 현생인류가 7만 3,000년 전에 살았던 것으로 추정되는 동굴에서도 붉은 물감으로 그려진 낙서가 발견되었다. 오늘날 그래피티(길거리 벽화)의 기원인 셈이다. 프랑스에서도 후기 구석기시대의 것으로 짐작되는 여러 동굴벽화들이 발견되었는데, 라스코 동굴벽화처럼 들소나 염소 등이 장대하게 그려진 벽화들도 있지만 개중에는 아무 의미 없이 끼적인 듯한 낙서 같은 그림도 종종 보인다.

문명이 점차 발달해도 낙서는 사라지지 않았다. 낙서는 터부시되는 인간의 욕망을 담아내는 통로이기도 했다. 중세 유럽의 문헌에서도 기기묘묘한 이미지의 낙서가 곧잘 발견된다. 가톨릭교회의 도그마가 인간의 삶을 강하게 지배하던 중세시대에 사람들은 억압된 마음을 낙서로 해소하기도 했다. 이와 유사한 맥락을 가진

| 50만 년 전 자바원인이 남긴 낙서(출처: 《네이처》).

둔황 문서에서 발견된 낙서 같은 그림. 낙서를 한 사람이 자신을 그린 것으로 보인다.

소그드인의 낙서.

낙서가 실크로드 둔황에서 발견되었다. 둔황은 중국 간쑤성에 있는 도시로 실크로드의 기착지다. 이곳에는 우리가 흔히 둔황석굴이라고 부르는 불교 유적지가 있는데, 이곳에서 3~11세기에 이르는 고문서들이 다량 발견되었다. 이를 아울러 둔황문서라고 부른다.

그런데 학자들이 둔황문서 중 하나인 한문으로 쓰인 《금강경》을 조사하던 중 뜻밖의 낙서를 발견한다. 성스러운 불경 뒷면에는 성석 능력이 과상되게 그려진 남자의 그림과 함께 낙서를 한 본인을 '철로 만든 새(iron bird)'라고 지칭하며 '나를 만날 여신을 구한다'라는 내용이 소그드 문자(중앙아시아의 사마르칸트를 중심으로 사용된 문자)로 적혀 있었다.

현대의 낙서 예술에서 고대 암각화의 흔적을 만나다

낙서는 오늘날 우리가 향유하는 예술의 원형 같기도 하다. 낙서처럼 서툴게 그린 듯한 그림들은 때로 작가가 의도한 연출 방식이기도 하다. 펜 대신 성냥개비를 이용한 박수동 화백의 해학적인 그림이나 이말년 작가가 그린 일련의 웹툰들이 그렇다. 가볍게 그린 그림 속에는 웃음과 풍자가 가득하다. 낙서는 인간 내면에 숨겨진 욕망과 감정을 경직되지 않은 방식으로 표현하는 탁월한 수단이다.

낙서가 그려지는 곳은 종이나 캔버스에 한정되지 않는다. 경주에서 발견된, 4~5세기의 것으로 추정되는 신라의 토우는 사람과 동물의 포즈와 표정을 마치 거친 낙서처럼 표현했다. 그 무렵 신라는 신라 특유의 화려한 미학의 절정에 도달했다. 국보로 지정된 황남대총 북분 금관은 이를 대표하는 유물이다. 그런데 비슷한 시기, 소박한 재질과 익살스러운 표정을 자랑하는 토우도 만들어진 것이다.

낙서의 효능

최근 뇌과학이 발달하면서 낙서의 긍정적인 의미가 새롭게 밝혀지는 중이다. 인간은 뇌로만 생각하지 않는다. 낙서를 하는 동안 인간의 뇌와 손은 서로 연동하여 창조성을 발휘한다는 사실이 밝혀졌다. 지루한 듣기 과제를 할 때 낙서를 하는 사람이 29퍼센트나 정보를 더 얻는다는 연구 결과도 있다. 쓰기와 낙서가 인간의 창조성에 도움이 되는 이유다. 낙서가 주는 정서적인 안정감도 무시할 수 없다. 내 주변에도 스트레스가 쌓이면 낙서로 푸는 사람들이 적지 않다.

낙서의 위대함은 천재의 노트에서도 찾아볼 수 있다. 레오나르도 다빈치는 수많은 노트를 남겼는데, 그가 낙서처럼 남겨놓은 노트에는 인체 해부도부터 비행기, 낙하산 설계도 등 오늘날의 우리에게도 여전히 많은 영감을 주는 정보들이 담겨 있다.

　디지털 시대로 빠르게 진입하면서 손에 펜을 쥐고 무언가를 끼적일 기회가 점차 사라지는 중이다. 디지털 기기의 발달로 인류는 점점 몸은 덜 움직이고 손가락 끝으로 터치하는 삶에 익숙해져가고 있다. 또한, 엄청난 양의 정보를 무분별하게 주입하는 일상에 노출되어 있다. 과학기술은 점점 발전해나가는데 어찌된 일인지 문해력과 정보 인지력은 퇴보한다는 염려의 말들이 심심찮게 들려온다. 어쩌면 과잉된 인풋으로 지친 뇌를 쉬게 하고 그 대신 두 손을 부지런히 움직여야 할 때가 아닌가 싶다. 지금 당장 손에 펜을 쥐고 떠오르는 상념과 생각을 막힘없이 끼적거려보면 어떨까? 오늘의 낙서가 내일의 당신 일상에 인사이트가 되어줄지도 모르니 말이다.

야생 늑대,
인간의 반려동물이 되다

개만큼 인간에게 양가적인 감정을 불러일으키는 동물은 없다. 개는 인간과 가장 가까운 동물이다. 반면, 한국어를 포함해 수많은 언어에서 '개'가 접두어로 붙으면 비하하는 의미나 질적으로 떨어짐을 의미한다. 한국에서는 얼마 전까지만 해도 개를 식용하는 문화도 있었다.

하지만 동물권에 대한 감수성이 높아지고, 1인 가구 등이 늘어남에 따라 개를 반려동물이자 가족으로 생각하는 사람들이 점차 많아지는 추세다. 식용 등의 실용적 목적을 떠나 개만큼 인간과 정서적으로 긴밀히 밀착했던 동물은 보기 힘들다. 구석기시대 얼어붙은 들판을 헤매며 인간을 물어뜯고 해치던 야생 늑대가 인간의 손길에 길들여지게 되기까지 그 수만 년의 역사를 살펴보자.

인간, 야생 늑대를 개로 길들이다

2018년, 시베리아 동토 지대에서 털이 보송보송하게 남아 있는 1만 8,000년 전의 강아지(또는 늑대 새끼)로 추정되는 미라가 발견되었다. 그런데 유전학자들은 이 미라가 개인지 늑대인지 밝히는 데에 실패했다. 유전자로는 개와 늑대를 구분하기 어렵기 때문이다. 오늘날의 개는 야생 늑대를 길들인 것이라는 견해가 일반적인 정설이다.

야생 늑대가 개로 바뀐 과정은 전 세계 고고학자들의 큰 관심사 중 하나다. 최근에는 그 시작이 5만 년 전 이상으로까지 올라간다고 본다. 또한, 고고학자들은 인류가 야생 늑대를 개로 길들이는 과정이 전 세계 곳곳에서 동시다발적으로 이루어진 것으로 추정한다. 현재까지 알려진 개의 흔적 중 가장 오래된 것은 벨기에 고예 동굴에서 발견된, 3만 6,000년 전의 늑대개 흔적이다. 그런데 고예 동굴에서 발견된 늑대개의 유전자는 오늘날의 개와 달랐다. 이는 빙하기에 수많은 원시인들이 자신이 사는 지역의 야생 늑대를 개로 길들였지만, 이때 길들여진 개들 대부분이 멸종했다는 뜻이다.

오늘날의 개는 빙하기가 끝날 무렵인 약 1만 5,000년 전, 유럽 근방에 서식하던 회색늑대를 길들인 것을 기원으로 본다. 이때부터 인류는 개와 동고동락했다. 독일 베를린 오베르카셀(Oberkassel)의 1만 4,000년 전의 무덤에서는 남녀의 인골 가운데

야쿠츠크–인디기르에서 발견된, '도고르'라고 명명된 강아지의 미라(1만 8,000년 전의 것으로 추정된다).

에서 어린 강아지의 뼈가 함께 발견되기도 했다. 강아지의 뼈를 조사해보니 이 강아지는 태어난 지 5개월 남짓 된 새끼였는데 심지어 치명적인 유전적 결함도 가지고 있었다. 강아지의 뼈에 남은 흔적으로 짐작했을 때 이 강아지는 죽기 몇 주 전까지 인간의 보살핌과 치료를 받은 것으로 보인다.

이스라엘에서 발견된 1만 3,000년 전의 무덤에서도 젊은 여성이 자신의 반려견을 한 손으로 잡은 채로 묻힌 모습이 발견되었다. 개에 대한 애정은 아주 오래전부터 이어져 내려온 호모사피엔스의 오랜 전통이었다.

1만 3,000년 전의 것으로 추정되는 개와 여성의 무덤.

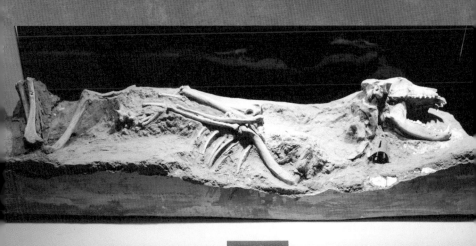

約骨
Dog skeleton

3,000년 전의 것으로 추정되는, 중국 베이징 근처의 귀족 무덤에서 발견된 목에 방울이 달린 개의 무덤.

늑대의 치명적인 유혹

그렇다면 여러 동물 가운데에서도 왜 유독 개만이 인간 사회에서 특별한 대접을 받게 되었을까? 최근에는 반려동물로서 고양이도 큰 인기이지만, 고양이가 인간과 함께한 역사는 6,000년 정도밖에 되지 않는다. 고양이 애호는 도시의 발달과 더불어 비교적 최근에 생긴 전통이다. 반면, 개는 호모사피엔스의 등장과 더불어 우리 삶에 늘 함께했다. 같이 산 시간이 길기 때문에 특별한 대접을 받을 기회도 많았다고 볼 수 있다.

수많은 동물 중에서 개가 인간의 반려동물로 선택된 이유를 두고 많은 논쟁이 있지만, 적어도 한 가지 사실만은 분명하다. 개는 인간의 사냥감으로 적절하지 않았다는 것이다. 개는 늑대에서 분화했다. 늑대는 육식동물로 인류의 생존에 있어 큰 위험 요소였다. 그렇다고 해서 말이나 소처럼 많은 양의 고기를 얻을 수 있는 동물도, 양이나 염소처럼 그 털로 무언가를 지어 입을 수 있는 동물도 아니었다.

차선책으로 인간은 잡아도 별 쓸모가 없는 늑대를 길들이기 시작한다. 길들인 개는 커다란 장점이 있었다. 후각과 민첩성이 뛰어나 사냥에 유리했다. 최초의 개는 인간의 사냥을 도왔다. 사냥개를 데리고 다니면 사냥 효율이 (지역이나 사냥감의 종류에 따라 다소 다르지만) 50퍼센트 정도 증가한다고 한다. 그들이 사냥의 '동업자'가 된 순간, 인간의 생존 가능성은 더욱 높아졌다.

개는 인간의 정서에도 긍정적인 영향을 미쳤다. 후기 구석기시대의 추운 빙하기 시절, 언제 죽을지 모를 공포와 고립감을 달래준 것은 다름 아닌 길들인 개였다. 인간을 제외한 포유류 중 지능이 제일 높은 동물은 침팬지이지만, 감성지수가 제일 높은 동물은 개다. 개가 길들여지기 전 단계인 야생 늑대는 사람처럼 서로 눈을 마주치는 습성이 있다고 한다. 개 역시 그러한 습성을 가지고 있었다. 사냥에도 도움을 주고 외로움까지 달래주었던 동물에게 인간은 곁을 내어줄 수밖에 없었으리라. 그야말로 늑대, 아니 길들여진 개의 치명적인 유혹이 아닐 수 없다.

'야생 늑대는 어떻게 개로 진화할 수 있었을까?'라는 질문에 대해 답을 주는 굉장히 흥미로운 실험이 하나 있다. 지금으로부터 60년 전인 1950년대, 러시아의 유전학자 드미트리 벨랴예프는 시베리아에서 사나운 은여우를 길들이는 실험에 착수한다. 그는 일군의 은여우 중에서 비교적 온순한 여우들을 골라 교배를 했다. 그 결과, 놀라울 정도로 짧은 시간인 20년 만에(6세대를 거친 후) 꼬리를 흔들며 애교를 부리는 행동을 하고, 형태적으로도 꼬리가 위로 말리는 등 오늘날의 개와 비슷한 모습을 한 여우를 키워냈다. 20년 정도의 짧은 기간 안에 유전자 수준의 변화가 이루어질 수는 없다. 다만, 길들여진 은여우의 호르몬은 야생의 은여우와 차이를 보였다. 벨랴예프의 연구로 늑대의 유전자에는 이미 인간의 반려동물이 될 수 있는 다양한 요소가 내재되어 있었는데, 그것이 인간을 만나면서 발현되었음이 밝혀졌다.

저승길도 함께한 인간의 영원한 반려동물

인간의 삶에 깊숙이 침투한 개는 죽어서도 인간 곁은 떠나지 않았다. 경남 사천시 늑도의 약 2,000년 전 유적에서는 공동묘지가 발굴되었는데 인간과 개가 함께 묻힌 무덤도 많았다. 뼈를 조사한 결과, 사람과 함께 묻힌 개들은 대부분 다 자란 수컷 개들이었다. 또한, 공동묘지 한쪽에서는 개들만 따로 모아 묻은 무덤이 여덟 기나 발견되었다. 짐작건대 이 공동묘지를 지키거나 제사를 올릴 때 희생된 개들을 따로 모아서 묻은 것 같다.

강원도 강릉시 강문동에서 발견된 개의 흔적도 흥미롭다. 이곳에서는 2,000년 전 사람들이 제사를 지낸 장소로 추정되는 저습지가 발굴되었는데 복골(卜骨, 점을 치는 데 쓰던 뼈나 뼈로 만든 도구)을 비롯해 수많은 유물이 출토되었다. 그중 가마니 같은 것에 쌓여 던져진 개의 흔적도 발견되었다. 서양 중세 시기에는 마치 희생양처럼 사람이 지은 죄를 돼지에게 덮어씌우고 그 돼지를 물에 던지는 풍습이 있었다. 당시 한반도 동해안 지역에서도 개를 희생양처럼 바치는 풍습이 있었던 것 같다.

생텍쥐페리의 《어린 왕자》에는 '길들임의 미학'을 알려주는 아름다운 문장이 나온다. '네가 나를 길들인다면 너는 나에게 세상에 하나뿐인 존재가 될 거야.' 인간은 야생 늑대를 개로 길들였고, 야생 늑대 역시 인간에게로 와 기꺼이 길들여졌다. 그 결과, 인간과 개는 떼려야 뗄 수 없는 친밀한 사이가 되었다. 지금도 지구상에서는 수많은 동물들이 멸종해가는 중이다. 빙하기 시절에도 야생 늑대와 여우를 비롯해 많은 생물 종들이 변화하는 환경에 적응하지 못하고 사라져갔다. 반면, 개는 지구상의 그 어떤 동물보다 성공적으로 적응하며 살아남았다. 수만 년 동안 인간 가까이에서 종의 진화를 선도해나간 개의 전략에서 공존과 협력의 지혜를 한 수 배운다.

고양이

인간을 매혹한
작지만 도도한 맹수

수많은 반려동물 중에서 고양이는 인간에게 특별한 동물이다. 인간은 스스로를 '만물의 영장(靈長)'이라 칭하며 지구상 모든 생물 종들의 가장 꼭대기를 차지했다. 그럼에도 유독 고양이에게만은 충성을 바치며 집사의 역할을 자처한다. 기록에 따르면 기원전 6세기경 한 페르시아 여성은 고양이를 너무 아낀 나머지, 각종 장식으로 치장해 함께 침대에서 재우는 등 정성을 다해서 모셨다고 한다. 인간이 고양이 집사 역할을 해온 역사는 꽤 유구하다. 개만큼 오래되지는 않았지만, 고양이는 6,000여 년이라는 시간 동안 특유의 매력으로 인간의 마음을 사로잡았다. 지금부터 수천 년간 이어진 '탐묘의 역사' 속으로 들어가보자.

쉽게 곁을 주지 않는 동물, 인간을 사로잡다

고고학적으로 발견된 고양이의 흔적은 근동 지역에서는 약 9,000년 전, 중국에서는 5,000년 전의 것이 해당 지역에서 가장 오래된 것이다. 모두 신석기시대다. 고양이는 빙하기가 끝난 직후 농사를 짓는 마을이 등장함에 따라 인간과 본격적으로 가까워졌다. 인간의 입장에서는 농사를 짓기 시작하면서 비축한 곡식을 갉아먹는 쥐를 소탕할 고양잇과 동물이 필요해졌기 때문이다. 하지만 이 초기의 고양이는 오늘날의 고양이와 유전적으로 직접적인 관련이 없다.

고양이는 개와 더불어 대표적인 반려동물이지만 정작 고양이가 어떻게 길들여졌는지에 대해서는 정설이 없다. 이는 고양이의 특성에서 기인한다. 개가 야생 늑대에서 진화한 것처럼 오늘날의 고양이도 맹수류에서 진화했다. 개의 경우 인간의 삶에 밀착해 살게 됨에 따라 지속적으로 종이 개량되어왔다. 그리고 인간의 터전에서 발굴되는 유물들 가운데 개의 뼈가 상당수 발견됨에 따라 이들이 개량되어온 과정을 비교적 소상히 알 수 있다. 반면, 고양이는 독립적인 생태를 보이는 동물이다 보니 인간 주변에서 가깝게 살긴 했지만 지속적으로 가축화가 진행되지 않았고, 야생으로 되돌아가는 경우도 빈번했다. 따라서 고양이 뼈가 발굴된다고 하더라도 그것이 인간에게 생포된 야생 고양이인지, 집고양이인지 밝히기가 어렵다.

고양이, 숭배의 대상이 되다

고대 이집트에서 고양이는 인간의 숭배 대상이었다. 이집트 선왕조 시대인 기원전 3700년경의 무덤에서는 고양이 뼈가 발견되었는데, 무덤에 묻히기 4~6주 전에 부러진 뼈를 치료받은 흔적이 있었다. 살아생전에 인간의 보살핌을 받았다는 뜻이다. 수많은 이집트인들의 무덤에서는 무덤 주인의 미라와 더불어 수많은 고양이 미라가 함께 발견되었다. 심지어 쥐 미라도 발견되었는데 이는 고양이의 먹잇감인 쥐를 함께 묻은 것으로 그만큼 고양이를 극진히 대우했다는 뜻이다. 고대 이집트에서는 다산과 풍요의 여신인 바스테트가 고양이의 모습으로 묘사된다. 이 역시 이집트인들이 고양이를 숭상했음을 보여준다. 고대 이집트에서는 고양이를 죽이면 사형에 처한다는 법이 있을 정도였다.

고대 이집트인들의 고양이 숭배는 매우 지나쳐서 왕국이 몰락하는 원인이 되기도 했다. 기원전 525년 페르시아 제국의 캄비세스 2세는 펠루시움 전투에서 이집트를 무너뜨린다. 이는 이집트가 수천 년간 이어온 왕국의 영광을 완전히 잃고 외세에 복속되는 커다란 사건이었다. 일설에 따르면 이 전쟁에서 페르시아 군대는 고양이를 앞장세우고 고양이를 그려넣은 방패를 사용했다고 한다. 고양이를 경외하는 이집트 군대가 쉽게 공격하지 못하도록 묘수를 쓴 것이다. 당대 최고의 역사가였던 헤로도토스의 기록에는 이에 대한 언급이 없어서 그 진위가 의심스럽긴 하지만, 이러한

이집트의 고양이 미라를 담았던 관(대영 박물관 소장).

설이 있을 만큼 고대 이집 트인들의 고양이 숭배는 굉 장했다.

고양이는 고대 이집트뿐 만 아니라 북방 초원 민족 들에게도 인기 있는 동물이 었다. 스키타이와 흉노 사 람들의 유물 중에는 고양이 모양으로 장식한 유물들이 많다. 이는 고양이가 호랑 이, 표범 등과 같은 과에 속 하는 동물이기 때문이다. 크 기가 작을 뿐이지 맹수의 이미지를 가지고 있었기에 초원의 유목 민족 전사들은 고양이를 기꺼이 자신들의 상징으로 내세웠다.

인간의 식량과 건강을 지켜주던 수호 동물

고양이는 인간의 건강을 지켜주는 수호 동물이었다. 앞서도 언 급했지만 농사를 짓고 잉여 곡식을 비축하는 생활양식을 갖게 된 인간에게 쥐는 골칫거리였다. 식량만 축내는 것이 아니라 쥐는 페 스트 등 전염병 균도 옮겼다. 쥐의 천적인 고양이는 이러한 위험

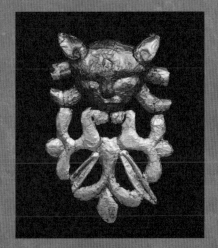

2,500년 전의 것으로 추정되는, 고양이 모양에
금박을 씌운 카자흐스탄 기마민족 사카 문화의
예술품.

대구에서 출토된 5세기 무렵의 가야 토기. 지붕 위에 고양
이가 올라가 있다(국립중앙박물관 소장).

으로부터 인간을 지켜주는 동물이었다.

또한, 고양이는 여행가들의 동반자이기도 했다. 지중해와 홍해를 통해 교역이 확대됨에 따라 이집트인들은 선상에 고양이를 데리고 다니기 시작했다. 고양이는 배에 비축해둔 곡식을 쥐들이 갉아먹는 것으로부터 지켜줄 뿐만 아니라 외로운 선상 생활의 낙이 되어주기도 했다. 생선도 잘 먹으니 뱃사람들이 선상 반려동물로 삼기에 안성맞춤이었다.

유라시아를 가로지르는 실크로드에서도 고양이는 인간의 동반자였다. 최근 카자흐스탄에서는 2,800년 전 세워진 '잠켄트'라는 도시에서 사육화가 된 집고양이 뼈가 발견되었다. 이 고양이 뼈를 분석한 결과, 이들이 작은 설치류를 먹었다는 사실도 밝혀졌다. 실크로드 초원의 오아시스 주변에 건설된 도시에서는 식량을 지키기 위한 목적으로 근동 지역에서 고양이를 들여왔다. 고양이는 곡물을 지켜줄 뿐만 아니라 귀신도 막아준다는 소문과 더불어 실크로드 초원에도 널리 퍼진다.

우리나라의 고양이도 실크로드를 통해서 전래되었을 가능성이 크다. 사료로만 따지면, 한국에서 고양이에 대한 기록은 고려시대가 되어서야 등장한다. 하지만 가야시대의 유물 중에는 식량 창고 지붕 위에서 쥐를 노려보는 고양이를 묘사한 토기가 발견되기도 했고, 고양이 뼈들도 제법 발굴되었다.

도시의 외로운 동반자

고양이는 개와 더불어 인간의 삶에서 함께한 대표적인 애완동물이다. 그런데 고양이가 우리 삶에 본격적으로 들어온 것은 얼마 되지 않는다. 2000년대 전까지만 해도 고양이라고 하면 들고양이나 도둑고양이가 가장 먼저 연상될 정도로 고양이를 키우는 집이 많지 않았다. 대부분의 사람들은 애완용으로 개를 키웠다. 하지만 지금은 '고양이 집사'를 자처하며 고양이를 가족으로 받아들이는 사람들이 늘고 있다.

이렇게 고양이가 우리 삶과 더욱 가까워진 데에는 도시의 삶이 외롭고 적막해진 것과 관련이 있다. 사실 현대 인간의 삶에서 고양이를 키워야 하는 실용적인 이유는 없다. 고양이가 쥐를 잡아 줘야 할 필요도 없고 또 곡물을 지킬 필요도 없기 때문이다. 그럼에도 다른 동물과 달리 고양이만의 독특한 감성이 우리를 매료시킨다. 인간에게 복종하지도 않으며 또 맹수의 후손이던 고양이에 대한 대책 없는 우리의 사랑이 계속되는 이유는 도시 생활의 필연적인 감정인 외로움을 달래기 위한 인간의 애달픈 몸부림이 아닐까?

III

명품
Prestige

부와 아름다움을 추구하다

석기

고대인들의
환경 적응력을 보여주는
바로미터

한 손에 착 감기면서도 무게감이 적당한 물건을 두고 우리는 '그립감이 좋다'라고 한다. 손에 딱 맞게 쥐어지는 그립감에 대한 선호는 비단 현대인들만의 전유물은 아니다. 원시시대 석기를 보면 어쩜 그리 한 손에 딱 쥐어지기 좋게 만들어졌나 싶어 감탄스럽다. 석기는 원시시대를 대표하는 유물로 돌로 만들어진 도구를 통칭한다. 석기는 인간이 발명한 가장 오래된 도구다.

돌은 도구이기도 했지만 인류 최초의 명품이기도 했다. 가령, 화산 폭발 시 만들어진 흑요석은 유라시아는 물론이고 아메리카 대륙에서도 널리 사랑받은 보석이었다. 돌은 인류 역사에서 때로는 실용적인 도구로, 때로는 치장의 도구로써 다방면으로 활용되어 왔다. 이제부터 그 흥미진진한 이야기 속으로 들어가보자.

돌에 새겨진 250만 년 전 인간의 역사

고인류학에서 화석인류를 지칭하는 명칭을 잘 살펴보면 해당
화석인류의 특징을 알 수 있다. 가령, 호모사피엔스는 '생각하는
사람', 호모에렉투스는 '직립보행하는 인간'이라는 뜻이다. 직립
보행도, 사고하는 것도 인간의 고유한 특징이다. 이와 더불어 인
간의 특징 중 하나는 도구를 사용할 줄 안다는 것이다. 1960년대
에 영국 인류학자 루이스 리키(Louis Leakey, 1903~1972)는 아프리
카 탄자니아 올두바이 협곡에서 180만 년 전의 것으로 추정되는
두개골과 뼛조각을 발견한다. 그는 이 고인류를 '도구를 사용하는
인간'이라는 뜻의 '호모하빌리스(Homo habilis)'라고 명명했다. 이
후 호모하빌리스는 두뇌 용량과 신장의 발달을 이루며 호모에렉
투스로 진화한다.

최근에는 케냐 투르카나 호수나 에티오피아 일대에서 250만 년
전 무렵을 전후한 시기의 석기들이 꽤 많이 발견되고 있다. 심
지어 얼마 전에는 330만 년 전의 석기도 발견되었다고 한다. 당
시 아프리카 일대에서 살던 호모 속(屬, genus)들이 만든, 거칠
게 돌을 깨서 제작한 석기들을 '올도완(Oldowan) 석기'라고 부
른다. 이후 시간이 흐름에 따라 석기의 모양은 한층 더 정교해진
다. 180만 년 전 무렵이 되면 올도완 석기 형태에서 더욱 발달하
여 주먹도끼 형태의 석기가 등장한다. 이를 '아슐리안(Acheulean)
석기'라고 한다. 중기 구석기시대인 약 30만 년 전에 등장한

매머드를 따라가는 빙하기 시대의 사람들(경기도 연천군 전곡선사박물관 소장).

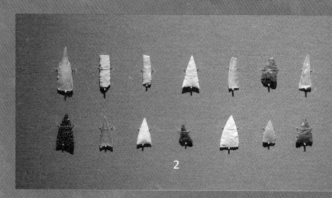

2

좀돌날로 만든 화살촉.

호모사피엔스(와 네안데르탈인)는 아슐리안 석기에서 또 한 차례 발달한, 거북등날식 석기를 사용했다. 후기 구석기시대인 5만 년 전부터는 '좀돌날'이라고 하는 작고 날카로운 석기도 등장했다.

한반도에서 발견된 주먹도끼,
전 세계 고고학계를 놀라게 하다

석기의 발달을 이야기할 때 한반도는 세계 고고학계에서 빼놓을 수 없는 지역이다. 지금으로부터 40여 년 전, 경기도 연천군 한탄강 인근인 전곡리에서는 고고학의 역사를 다시 쓰게 만든 위대한 발견이 이루어졌다. 이곳에서는 1970년대 후반 동아시아 최초로 아슐리안 주먹도끼가 발견되어 세계 고고학계에 충격을 안겨 주었다. 이전까지 동아시아에서는 전기와 중기 구석기시대 석기류가 발견된 적이 없었고, 그보다 더 거친 형태의 찍개류만 발굴되었다.

이에 착안해 미국 하버드대의 고고학자 뫼비우스는 20세기 중반 '뫼비우스의 이론'을 제시하기도 했다. 이 이론의 골자는 구석기시대 문화를 두 갈래로 양분하는 것이었다. 인도 서쪽은 정교한 아슐리안 주먹도끼를 사용한 구석기 문화였고, 동쪽은 그보다 다소 투박한 도구를 사용한 상대적으로 덜 발달된 구석기 문화라는 것이다. 그의 이론은 동아시아 지역의 구석기인들은 서양의 구석기인들과는 달리 열등해서 발달된 석기를 만들 수 없었다는 뜻으로 오해될 소지가 있었다. 인종차별적 위험에도 불구하고 고고학계에서 정설로 받아들여지는 분위기였다. 그런 상황에서 한반도에서 구석기시대 주먹도끼가 발견됨에 따라 고고학계에 널리 퍼진 오래된 편견이 깨지게 되었다.

하지만 한 가지 문제가 여전히 남아 있었다. 전곡리에서 발견된 주먹노끼의 연내가 너무 늦다는 사실이었다. 전곡리 주먹도끼는 약 20만 년 전에 만들어진 것으로 추정되었다. 반면, 아프리카의 호모에렉투스가 만든 주먹도끼는 150만 년 전의 것으로 추정되었다. 이는 130만 년이라는 엄청난 시간적 간극이다. 또한, 전곡리에서 주먹도끼가 발견되었다고는 하지만 이곳에서 발견된 주먹도끼의 수는 너무나 적었고, 제작 방식도 매우 거칠었다. 전반적으로 아시아의 석기가 상당히 조악하다는 것은 분명한 사실이었다.

그렇다면 왜 아시아 지역에서는 석기의 발달이 늦어졌을까? 고고학자들은 다른 가능성에 주목했다. 지능이 아니라 환경과 석재 문제에 주목했던 것이다. 한반도에는 잘 깨지지 않는 단단한 석재인 차돌이 풍부했다. 재료 자체의 가공이 어려우니 거칠게 제작한 찍개를 더 선호했던 것이다. 그 편이 여러모로 효율적이었기 때문이다. 모든 학문 연구가 그렇겠지만 눈에 보이는 것으로만 판단해서는 단순하고 한쪽으로 치우쳐진 결론에 이를 수밖에 없다. 하물며 고고학 연구는 지금과는 전혀 다른 시간과 공간을 추적하는 작업이다. 다양한 맥락을 고려한 촘촘하고 정밀한 연구 자세가 필요한 이유다.

아메리카 대륙을 정복한 시베리아의 석기

이처럼 환경적인 이유로 인해 아시아 지역에 살았던 전기 및 중기 구석기인들은 타 지역에 비해 다소 완성도가 떨어져 보이는 거친 석기를 선호했다. 그런데 5만 년 전 무렵, 즉 후기 구석기시대에 돌입하면서 상황은 돌변한다. 이때부터는 나무나 뼈로 만든 손잡이에 작고 날카로운 돌날을 끼워서 쓰기 시작했다. 이와 같은 후기 구석기시대의 도구가 커다란 효과를 발휘한 곳은 추운 시베리아 지역이었다. 빙하기가 도래하자 새로운 도구를 손에 쥔 후기 구석기인들은 매머드를 사냥하는 노련한 사냥꾼으로 변신했다. 이들은 날카롭고 정교한 석기로 매머드를 잡아 추위를 버티게 해 줄 든든한 식량으로 삼았다.

세계에서 가장 추운 곳으로 유명한 시베리아 동부의 야쿠티야(Yakutiya)라는 곳에서는 1970년대에 약 2만 년 전 사람이 살았던 것으로 추정되는 둑타이 유적지가 발견되었다. 이 유적지에서는 매머드 사냥에 썼을 것으로 추정되는 돌날로 만든 창이 발굴되었는데, 이는 1만 7,000년 전 아메리카 대륙에서 만들어진 것과 똑

같은 형태였다. 이후 또 다른 시베리아 지역, 특히 바이칼 일대에서도 이와 비슷한 유물들이 많이 발견되었다. 1만 7,000년 전 베링해를 건너간 매머드 사냥꾼들의 기원지가 밝혀진 것이다.

돌은 아무런 말도 하지 않는다. 하지만 인간이 떼고, 다듬고, 날카롭게 갈아 만든 석기는 오늘날 우리에게 많은 이야기를 들려준다. 썩지도 않고, 녹아내리지도 않는 그 단단함으로 수만 년에 걸친 인류의 역사를 품어온 석기는 주어진 환경에 굴하지 않고 적응하고 진화해온 인류의 분투를 보여주는 바로미터다.

인류 역사를 움직인
치명적인 유혹

'옷이 날개'라는 속담이 있다. 좋은 옷을 입으면 사람이 달리 보인다는 뜻이다. 옷은 단순히 몸을 가리는 도구가 아니다. 옷은 때로 지위와 정체성을 표현하는 수단이다. 좋은 옷을 가르는 기준은 다양하지만 그중 손꼽히는 기준은 원단이 무엇이냐는 것이다. 오늘날에도 모피나 실크로 만들어진 옷은 값도 비싸고 고급으로 취급된다. 특히 실크는 오래전부터 동서양 무역상들에게 고가의 명품 대우를 받으며 동서 문명 교류에 혁혁한 기여를 했다.

비단길을 따라 물자가 이동하다

흔히 유라시아를 가로지르는 교역로를 '실크로드'라고 부른다. 그러나 고대의 어떤 기록에도 실크로드라는 명칭은 등장하지 않는다. 실크로드는 19세기 말 독일 지리학자 페르디난트 폰 리히

트호펜(Ferdinand von Richthofen, 1833~1905)이 처음 사용한 말이다. 그는 해양을 통한 식민지 경쟁에서 밀린 독일이 추구할 수 있는 대안을 설명하기 위해 중국 대륙을 통한 무역로의 가능성을 주장했다. 그리고 자신의 견해를 뒷받침하기 위해 고대 중국에서 중앙아시아를 거쳐 인도로까지 물자가 수출되던 길을 실크로드라고 명명했다. 당시 중국의 주요 수출 품목이 비단이었던 것에 착안해서 독일어로 자이덴슈트라세(Seidenstrasse, 비단길)라고 불렸던 것이다.

당시 중앙아시아를 가로지르는 교역로는 길이 무척 험난했다. 또한, 바닷길 교역로의 경우에는 배에 비교적 많은 상품을 실을 수 있었지만, 내륙 교역로는 낙타의 등에 짐을 실어 날라야 했다. 따라서 가볍지만 고부가가치를 지닌 명품을 싣고 팔아야 수익이 났다. 향료나 비단은 이런 조건에 최적화된 상품이었다. 이제 실크로드라는 이름은 그 의미와 관계없이 세계 곳곳을 잇는 무역로를 가리키는 고유명사가 되었다.

세계적인 명품, 중국 실크의 기원

실크의 기원은 수천 년 전으로 거슬러 올라간다. 이미 신석기 시대부터 중국은 물론이고 인도와 중앙아시아 등지에서 누에고치로부터 실을 뽑아낸 흔적이 보인다. 실크는 누에고치에서 뽑은

중국 쓰촨성 싼싱두이에서 발견된 3,000년 전 청동 신상. 잠총과 종목을 형상화한 신상이라는 결론이 내려졌다.

가늘고 고운 실인 명주실로 짠 광택이 나는 피륙이다. 오래전부터 곤충의 번데기는 주요한 단백질원 중 하나였다. 인류는 고치 안에서 번데기를 꺼내 먹는 과정에서 고치의 특성을 자연스럽게 파악하고 그것을 활용할 궁리를 했을 것이다. 하지만 야생 누에고치에서 뽑아낸 실은 끈적거리고 거칠어서 원단으로 가공하기는 쉽지 않았다.

실크가 명품의 위상을 갖게 된 것은 고치로부터 양질의 명주실을 뽑아내기 위한 양잠 기술이 발달하면서부터다. 중국에서는 일찍이 한나라 시절 양잠 기술이 최절정에 달했다. 비슷한 시기 신라를 건국한 박혁거세도 즉위 직후 "6부를 돌면서 양잠을 권했다"는 기록이 있다. 실크는 아름답고 고급스러운 원단의 상징일 뿐만 아니라 고대에 이미 의복 제작을 위한 전문화된 기술이 있었음을 의미한다. 양장 기술의 노하우를 유지하고 생산품의 품질을 관리하는 일은 국가의 주요 사업이었다. 그래서 고대부터 동아시아에서는 양잠을 관장하는 신에게 제사를 올리는 의식이 널리 발달했다. 조선시대에도 양잠이 잘되도록 기원하는 선잠제(先蠶祭)를 거행했는데, 왕비가 친히 행사에 참여해 직접 누에를 치는 의식을 치르기도 했다.

그런데 최근 고고학 발굴을 통해서 양잠의 신을 모시는 의식의 기원이 중원 지역이 아니라 중국 남서부 쓰촨 지역일 가능성이 제기되었다. 2021년, 쓰촨성 청두 인근의 싼싱두이 유적에서 다수의 유물이 발견된다. 국가적으로 대규모의 발굴이었기에 중국 국

영방송에서 일주일 가까이 발굴 현장을 생중계할 정도였다. 3,000년 전의 제사터로 추정되는 이곳에서 툭 튀어나온 눈에 황금 마스크를 한 청동 신상이 다수 출토되었다. 청동 신상을 감싼 직물을 감정해본 결과, 명주실로 만들어진 실크로 판명되었다.

고대 이래로 쓰촨 분지에 살던 사람들을 '파와 촉 사람'이라는 의미에서 '파촉(巴蜀)'이라 불렀다(촉나라의 '촉'이기도 하다). 여기에서 '촉(蜀)' 자는 누에고치가 뽕나무를 기어 다니는 모습을 형상화한 것이다. 또한, 옛 기록에 따르면 촉나라의 선조를 '잠총(蠶叢)'과 '종목(縱目)'이라고 일컬었는데, 종목은 세상을 굽어보는 천리안을, 잠총은 양잠을 관장하는 신을 뜻한다. 우리로 치면 단군에 해당하는 사람이 바로 양잠의 신이었던 셈이다. 이처럼 문헌상으로만 기록되어 있던 내용들이 고고학 자료로 증명된 것이다.

나라를 위기에 빠트리기도 하고 살리기도 한, 실크의 치명적인 유혹

2017년, 국립문화재연구원과 몽골 고고학연구소는 몽골의 가장 동쪽 지역인 알타이 산맥 근처 시베트 하이르한이라는 유적에서 약 2,000년 전의 것으로 추정되는 중국제 비단옷을 입은 미라를 공동 발굴했다. 이 지역은 기후 조건이 좋아서 미라와 의복들이 종종 발견된다. 그전까지는 주로 혹독한 초원의 기후를 견디기

2,000년 전의 것으로 추정되는, 실크로드에서 발견된 중국제 실크.

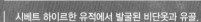

시베트 하이르한 유적에서 발굴된 비단옷과 유골.

에 적합하고, 말타기에 편안한 가죽옷들이 주로 발굴되었다. 그런데 이례적으로 전형적인 비단옷을 입은 미라가 발견된 것이었다. 혹자는 비단옷을 입었으니 중국인이 아니겠냐는 오해를 할 수도 있다. 하지만 북방 초원 중에서도 가장 깊숙한 지역까지 중국인이 와서 유목 생활을 할 리는 없었다. 중국제 비단옷을 입은 이 미라는 유목민들 사이에서도 비단옷이 널리 유행했음을 알려준다.

흉노가 지배하던 시절에 비단옷은 왕의 지위에 해당하는 선우(單于)와 귀족들만 입을 수 있었다. 하지만 이후에는 여염집 어린아이도 비단옷을 입었을 만큼 몽골 알타이 지역에서 비단이 널리 유행했다. 이는 중국의 실크가 매우 유명했다는 의미인 동시에, 흉노의 멸망을 암시하기도 한다. 황금보다 값비싼 실크를 몸에 걸친 상태에서 제대로 말을 타기란 어려웠을 테니 말이다. 중국에서 망명한 흉노 선우의 신하는 비단옷을 계속 입다가는 결국 나라가 망할 것이라는 눈물의 상소를 올리기도 했지만 소용없었다. 실크를 구입하는 데에 막대한 부를 소모하고, 전투력이 떨어진 흉노는 이윽고 유목 민족 특유의 야성과 힘을 잃어갔다.

실크에 매혹되어 국력을 상실한 사례는 서양에도 있다. 기원전 55년 로마는 이란계 유목 민족이 세운 고대 국가인 파르티아와 벌인 카레이 전투에서 기록적인 패배를 기록했다. 이 전투로 인해 로마인 2만 명이 죽고 1만 명이 포로로 잡혔지만, 파르티아인은 100명도 채 안 되는 사상을 기록할 정도의 완패였다. 와중에도 로마인들은 파르티아인들이 두른 실크에 반해 이후 로마의 부를 탕

흉노 고분에서
발견된 실크.

진하는 결정적인 원인으로 작용한다.

역사적으로 실크는 중국을 대표하는 명품이었지만, 근대에 들어 그 위상을 일본에게 넘겨주고 만다. 근대 이후 중국의 양잠 기술이 서양에 뒤처지는 사이, 일본은 프랑스로부터 현대적인 양잠 기술을 전수받아 현대화된 실크 제품을 생산하기 시작한다. 이후 일본의 양잠 산업은 1920년대 일본 전체 수출량의 절반 가까이를 차지할 정도로 성장한다. 양잠 산업은 20세기 근대 일본을 대국으로 끌어올리는 원동력이었던 셈이다. 그 상징성을 근거로 2014년 일본은 근대 실크 산업의 산실인 도미오카 제사장(실크를 뽑는 공장)을 유네스코 세계유산으로 등재했다.

군사력이나 경제 제재 등 물리적인 힘을 가리키는 하드 파워(hard power)에 대응하는 개념으로 소프트 파워(soft power)라는 말이 있다. 강제력보다는 특유의 매력으로 상대를 사로잡는 힘이다.

광택이 흐르는 부드러운 천은 세계인들은 매혹했고, 이를 사고팔던 길은 동서 문명의 교역로를 뜻하는 고유명사가 되었다. 그러고 보면 실크는 인류 역사에서 가장 그 기원이 오래된 소프트 파워의 상징이 아닐까?

황금

6,500년 전,
인류 최초의 플렉스

최근 '플렉스(flex)'라는 말이 유행 중이다. 본래 '구부리다', '준비운동 등을 하며 몸을 풀다'는 뜻을 가진 영어 단어인데 1990년대 미국 힙합 문화에서 래퍼들이 자신의 부를 뽐내던 모습을 가리키는 것으로 전용된 의미가 한국으로도 건너와 일상적인 용어로 널리 퍼졌다. 고고학 공부를 하다 보면 옛사람들의 '플렉스' 흔적들을 만나곤 한다. 찬란한 보석과 황금으로 치장된 무덤이 대표적이다. 두터운 시간의 벽을 뚫고 오늘날에도 여전히 화려함을 뽐내는 이 유물들은 부와 명예를 드러내고 과시하고자 했던 인류의 본능적인 욕망을 고스란히 보여준다.

투탕카멘의 황금 마스크를 뛰어넘는 유물이 발견되다

황금 유물 하면 우리가 가장 먼저 떠올리는 것은 투탕카멘의

| 바르나 황금 인간이 발견된 현장.

황금 마스크일 것이다. 그런데 이보다 3,000년이나 앞서 만들어진 '황금 인간'이 불가리아의 대표적인 휴양 도시 바르나에서 발견되어 세계 고고학계의 이목을 집중시켰다. 불가리아는 슬라브인들과 튀르크(돌궐) 계통의 사람들이 연합해 만든 흑해 연안 국가로 그때까지 문명사적으로는 그다지 크게 주목받는 곳이 아니었다.

황금 인간은 1972년 바르나 호수 근처 언덕에 공장을 짓기 위해 땅을 파던 트랙터 기사에 의해 발견되었다. 공장 부지에서는 300여 기의 무덤과 총 무게가 5.5킬로그램에 달하는 황금 유물 2,000여 점이 발굴되었다. 조사 결과, 그곳은 지금으로부터 약 7,000여 년 전 고대인들이 공동묘지로 사용하던 장소였다. 투탕카멘의 무덤에서 발굴된 황금의 총량이 100킬로그램에 달했던 것과 견주면 이 정도는 별것 아니라고 생각할지도 모르겠다. 하지만 발굴 유물 중 하나인 황금 인간은 그 연대가 투탕카멘의 황금 마스크보다 3,000년이나 앞선 것이었다. 이 사실 하나만으로도 세계 고고학계는 들썩일 만했다. 너무 믿기 어려운 결과여서 수십 년간 고고학자들이 수차례 과학적 방법을 동원해 재검증을 했지만 결과는 한결같았다. 6,500년 전, 흑해 연안 지역에서는 이미 화려한 황금 문화가 꽃을 피우고 있었던 것이다.

오늘날 플렉스의 원형, 바르나의 '황금 인간'

300여 기의 무덤 중에서 황금 인간이 묻혀 있었던 43호 무덤에서는 1,000여 점이 넘는 황금 유물이 발견되었다. 바르나에서 발견된 유물의 거의 절반에 가까운 수다. 바르나의 황금 인간은 오늘날 플렉스의 원형이라고 할 수 있을 정도로 온몸이 황금 유물로 치장되어 있었다. 양팔에는 여러 개의 황금 팔찌를, 목에는 황금 목걸이를 휘감고 있었다. 한 손에는 지배 권력을 상징하는 황금으로 도금된 지휘봉까지 들고 있었다. 그뿐만이 아니었다. 흥미롭게도 황금 인간의 성기 부분에는 황금 덮개가 놓여 있었다. 아마 시신을 안장할 때 콘돔처럼 성기에 씌웠을 것이다.

이 사람이 살아생전에 선택받은 삶을 살아왔음은 골격에도 잘 남아 있다. 여러 연구 결과들을 토대로 당시 인간의 평균수명은

| 바르나의 황금 인간 미라.

28세 내외였을 것으로 짐작된다. 또한, 신체적인 조건의 경우 성인 남성 평균 신장은 160센티미터, 여성은 148센티미터 정도였을 것으로 추정한다.

바르나 무덤에서 출토된 사람의 얼굴상.

그런데 이 황금 인간은 유골의 전체 길이가 180센티미터가 넘었으며 뼈를 검사한 결과 나이도 50대에 가까웠다. 황금 인간이 발견된 무덤 이외에도 1킬로그램에 가까운 황금을 함께 안장한 무덤은 3기가 더 발견되었다. 심지어 인골이 발견되지 않은 무덤인데도 황금으로 가득 찬 경우도 있었다. 아마도 황금은 당시 이 지역 지배계급들이 사랑해 마지않던 아이템이었던 것 같다.

여기에서 한 가지 의문이 제기된다. 지금으로부터 6,500년 전이면 신석기시대에 해당한다. 석기를 만들어 사용하던 시절, 이곳 사람들은 황금을 제련하는 기술을 어떻게 습득했을까? 바르나에서 발굴된 황금 유물들은 지금 기준에서도 순도가 매우 높았다. 순도 높은 황금을 뽑아내려면 높은 온도를 유지하는 화덕이 필수다. 한 가지 확실한 것은 신석기인들은 농사를 짓고 토기를 만들어 사용했기 때문에 당시에도 불을 쓰는 화덕이 있었다는 사실이다.

그렇다면 다른 신석기시대 유적에서도 황금 유물들이 다량 출토되어야 했을 텐데 그렇지 않았다. 황금을 채굴하는 작업이나 채

바르나 유적에서 출토된 황금(출처: 암부스터와 드미트리노프의 논문).

굴 후 그것을 순도 높게 제련하는 일에는 막대한 노동력과 시간이 들어간다. 신석기인들이 황금의 존재를 알고 있었다고 한들 당시 기술로는 쉽게 만들어내기 어려웠을 것이다. 짐작건대 바르나 지역의 신석기인들은 흑해 연안이라는 이점을 살려 바다를 통한 교역으로 부를 쌓은 덕분에 그것으로 황금을 채굴하고 제련할 여유가 있었던 것으로 보인다.

바르나인들이 그들의 문명을 구가하던 시기를 동석기시대라고도 한다. 이 시대 사람들은 금속 제련술 등을 알고 있었지만 실제 문화는 신석기시대와 큰 차이가 없었다. 그럴 정도로 바르나의 사람들은 누구보다 빠르게 문명을 발전시켰다. 그들의 주요한 교역품은 근처의 암염 광산에서 가져온 소금, 북쪽으로는 볼가강, 남쪽으로는 에게해의 섬에서 채굴한 여러 광물이었다. 그 외에도 많은 주변의 특산품이 바다를 통해 들어왔을 것이다. 이런 찬란한 경제적 성공으로 바르나인들은 누구보다 빠르게 문명을 발달시켰다. 하지만 그것이 끝이었다. 이후에 문명이 발달한 곳은 지중해, 이집트, 근동 메소포타미아 지역이었다. 기후가 바뀌고 교역로도 달라져서 그들은 쇠퇴할 수밖에 없었다.

죽어서까지 부귀영화를 누리고자 했던 욕망

바르나 유적뿐만 아니라 고대의 왕과 귀족들 무덤에서는 황금 유물이 많이 발견된다. 무덤은 고대인들의 플렉스 종착지였던 셈이다. 오늘날의 관점에서는 죽은 이의 무덤에 귀한 황금을 묻어 무엇에 쓰나 싶을지도 모른다. 하지만 시선을 조금만 달리 하면 무덤에 황금을 함께 안장하던 풍습이 이해된다. 이 시대 사람들은 30~40대를 넘겨 살기가 어려웠다. 내세를 믿었던 고대인들은 사후에도 생전에 자신들이 누렸던 부를 이어가고자 했으리라.

고대의 황금 유물을 보면 그들의 찬란했던 문화가 감탄스러운 동시에 인생무상의 쓸쓸한 감정이 찾아든다. 수천 년의 세월이 지나도 황금 유물은 그 자태를 잃지 않고 후세까지 이어지는 데 반해, 그것을 두르고 있는 인간은 뼈만 앙상한 채로 발굴되기 때문이다. 아무리 온몸을 황금으로 치장한다 한들, 인간은 결국 언젠가 모두 죽는다. 그렇다면 우리가 진정으로 플렉스 해야 할 것은 부와 명예가 아니라 지금 이 순간의 행복이 아닐까?

화려한 외양 뒤에 숨은
반만년의 한국사

2021년은 최초의 신라 금관이 발굴 100주년을 맞이하는 해였다. 지난 100년간 발굴된 신라 금관은 총 6점이며, 옛 가야와 마한 일대에서도 다양한 금동관이 발견되었다. 금관은 명실공히 삼국 시대를 대표하는 유물로 자리매김했다. 신라 금관은 수려한 아름다움으로도 눈길을 끌지만 그 안에 수많은 역사적 코드를 담고 있기에 파고들수록 흥미로운 유물이다. 신라 금관의 찬란함 뒤에 숨은 비밀 이야기 속으로 들어가보자.

도굴꾼이 발굴한 신라 금관

신라 금관이 처음 발견된 때는 일제강점기였다. 1921년 9월 24일, 경주에서 일본인 순사가 동네 아이들이 값져 보이는 구슬을 가지고 노는 장면을 목격한다. 아이들이 구슬을 얻은 곳은 주택을

경북 경주시 황오리 16호분 1곽에서
출토된 백화수피제관모.

개축하던 현장이었는데, 땅을 파고보니 옛 무덤*과 그곳에 함께 묻힌 유물이 세상 밖으로 드러났던 것이다. 이윽고 이 소식은 총독부로도 전해지고, 서울에서 경주로 관계자들이 급히 파견된다. 하지만 현장을 보존하라는 총독부의 지시도 무시한 채 계약직으로 경주박물관**에 근무하던 현지 일본인들이 4일만에 졸속으로 발굴을 끝내버린다. 총독부에서 정식으로 파견한 조사원들이 경주에 도착해보니 이미 모든 유물을 꺼낸 상태여서 허탈해했을 정도다.

이 황당한 발굴을 주도한 이는 모로가 히데오(諸鹿央雄)라는 자칭 문화재 애호가였다. 그는 당시 경북 지방에서 의원을 할 만큼 지역사회에서 세를 과시하던 인물이었는데, 사실은 유물을 도굴하고 판매하던 자였다. 그의 행각을 가만히 두고 볼 수 없었던 일본 경찰은 1933년 그의 집을 수색하고 그의 수하에 있던 도굴단

---

* 이후 금관이 발견된 고분이라고 해서 '금관총'이라고 이름이 붙여진다.
** 정식 명칭은 총독부박물관 경주분관인데, 경주박물관이라고 불렸다.

이 쪽샘 지구에서 도굴한 유물들을 압수한다. 하지만 총독부와 일본 고고학자들의 비호로 그의 천인공노할 행적은 유야무야 묻혔고, 도굴 행위에 대한 처벌도 받지 않았다.

일제강점기에 우리나라의 문화재 상당수가 일본으로 반출, 유통되었다. 금관총에서 발굴된 유물도 마찬가지였다. 지금도 금관총 유물의 상당수가 도쿄박물관과 교토대학교 등에 흩어져 있다. 게다가 당시 비전공자가 제대로 된 계획 없이 발굴을 한 탓에 최초 발굴 시 어떤 유물이 어디에 어떤 형태로 있었는지 등에 대한 정보가 정확하지 않다.

최근 국립중앙박물관은 일본의 부실 발굴로 인한 오류를 수정하고 보강하기 위해 일제강점기 때 발굴한 고분들을 다시 조사 중이다. 2015년에는 금관총을 다시 발굴했고, 2018년에는 금령총이라는 고분도 재발굴한 후, 2022년에 성대하게 기념 전시회를 개최하기도 했다. 그 결과, 의미 있는 새로운 사실들을 찾아낼 수 있었다. 그중 대표적인 것은 금관총에서 발굴된 금동제 칼 손잡이에서 '이사지왕(尒斯智王)'이라는 명문을 발견해낸 것이다. 이사지왕이 새겨진 유물은 땅속이 아니라 금관총을 재발굴하면서 국립중앙박물관 창고에 있던 유물도 재조사하다가 발견한 것이다. 금관총은 아직까지 무덤의 주인이 누구인지 밝혀지지 않았는데, 이 발견을 통해 무덤 주인이 누구인지를 밝혀낼 중요한 단서 하나가 더해진 것이다.

금관총 발굴 이후 조선총독부는 임나일본부*의 흔적을 찾기 위해 옛 가야 일대 고분을 조사하던 것을 중단한다. 그 대신 신라 고분 발굴에 전력을 다하며 화려한 황금 유물 발굴을 자신들의 업적으로 내세우기 바빴다. 금관총은 당시 한국을 찾는 외국인들이 빠짐없이 찾는 관광 코스이기도 했다. 하지만 일제강점기의 삼엄한 분위기에도 불구하고 경주 시민들은 천년고도의 자존심을 세워준 금관을 보존하기 위해 백방으로 힘썼다. 당시 조선총독부가 금관을 서울로 옮겨가려고 하자 경주 시민들은 자발적으로 돈을 모아서 금관을 보존할 금관고를 지어 헌납했을 정도다. 한반도 고대사의 새로운 장을 열었던 금관총의 발견 뒤에는 조선을 문화적으로 약탈하려 했던 일본 식민주의의 가슴 아픈 역사와 여기에 맹렬히 저항하며 자주 의식을 회복하려고 노력했던 조선인들의 땀과 눈물이 숨어 있다.

사슴뿔 금관, 하늘과 땅을 잇다

1921년 발굴된 신라 금관총 금관은 사슴뿔과 나뭇가지를 모티브로 하고, 곡옥(曲玉, 반달 모양으로 다듬은 옥구슬)을 단 화려하고 독

---

* 4세기 후반 일본 야마토왜가 백제, 신라, 가야를 지배하기 위해 한반도 남부에 설치했다고 주장하는 통치기관으로 일본이 왜곡하려는 한국사의 대표적 사례다.

| 나무와 사슴뿔을 모티브로 한, 흑해 연안의 사르마트 문화권에서 발굴된 금관.

특한 형태로 전 세계적으로 주목받았다. 사실 사슴뿔과 나무를 형상화한 금관은 흑해 연안, 아프가니스탄 등지에서도 발견된 바 있다. 나아가서는 서쪽으로는 북유럽, 동쪽으로는 아메리카 대륙의 원주민 유적에서도 비슷한 모티브의 관들이 발견되었다.

북반구 거의 대부분의 지역에서 발견되는 사슴뿔 모양의 관은 하늘의 대리인인 샤먼의 의식에 사용된다는 공통점이 있었다. 사슴뿔은 매년 자라므로 무한한 생명력을 뜻한다. 또한, 하늘로 뻗어나가는 아름드리나무는 마치 하늘로 이어지는 통로를 연상하게 한다. 하늘과 땅을 이어주는 상징이었던 사슴뿔과 나무가 (금)관 장식에 쓰인 이유다. 오늘날에도 유라시아 곳곳의 샤먼들은 신성한 나무 아래에서 하늘과 통하는 의식을 치른다. 만주족은 20세기 초반까지도 신라 금관과 유사한 형태의 관을 쓰고 그들이 신성하게 모시는 자작나무 앞에서 샤먼이 부족을 대표하여 하늘에 제사를 올렸다. 사슴뿔과 나무 모양으로 장식된 샤먼의 관은 신과 인간이 소통하는 다리의 역할을 했다.

유라시아 네트워크의 상징

신라가 이 샤머니즘적 도구를 화려한 황금으로 만들 수 있었던 배경에는 당시 유라시아 곳곳으로 확산되었던 흉노와 훈족의 황금 문화가 존재한다. 황금 문화와 샤머니즘을 받아들인 동서양의

20세기 초 만주족이 쓰던 샤
먼관. 신라의 것과 모양이 유
사하다.

시베리아 샤먼관의 모습.

각 지역은 저마다의 방법으로 지역색을 담은 금관을 재창조했다.
이는 마치 기독교의 십자가나 불교의 불상이 그 원형은 같지만 구
체적인 미학에서 차이를 보이는 것과 같은 이치다. 기독교나 불교
와 같은 세계 종교가 확산되는 과정에서 해당 종교가 전파된 각
지역에서는 자신들의 토착 문화나 환경에 맞춰 종교적 상징을 재
해석했다.

신라 금관은 유라시아 네트워크의 상징이기도 하다. 한반도 동남쪽에 위치한 신라의 왕과 귀족이 쓰던 관이 북방 유라시아의 영향을 받았다고 하면 선뜻 이해가 되지 않을 것이다. 그런데 겉으로 보이지 않는 부분에 주목하면 이해의 실마리가 보인다. 금은 무르고 변형이 쉬운 물질이다. 따라서 금관을 착용하려면 가죽이나 천으로 만든 관모(모자)를 쓰고 그 위에 금관을 덧써야 한다. 흥미로운 점은 신라 귀족의 무덤에서 거의 빠짐없이 발견되는 관모의 재료다. 이 관모의 재료는 섬세하게 가공한 자작나무 껍질이었다.

자작나무는 한반도 남쪽 신라에서는 자라지 않는 나무로 주로 만주와 시베리아 일대에서만 자라는 대표적인 북방계 수종이다. 오늘날에도 시베리아 원주민들은 자작나무의 껍질로 그릇, 모자, 가방 등의 생필품을 만들어 사용한다. 천마총의 말다래*도 자작나무 껍질을 복잡하게 가공해서 만들었는데, 그 위에 복잡한 그림을 그릴 정도로 신라에서는 자작나무 공예술이 발달했다. 이는 당시 신라가 북방 지역으로부터 지속적으로 자작나무를 공급받는 무역 네트워크를 가지고 있었음을 가리킨다. 또한, 그것을 가공하여 예술품을 만드는 장인들의 기술이 출중했음도 의미한다.

대한민국을 대표하는 문화재인 신라 금관에는 이처럼 우리 역

....

* 말에 탄 사람의 옷에 흙이 튀지 않도록 가죽 등으로 만들어 말안장 양쪽에 늘어뜨려놓은 기구.

사의 다양한 장면들이 숨어 있다. 유라시아 대륙과 맞닿고자 했던 고대 신라 왕족들의 열망에서부터 일제강점기 문화재 약탈의 아픔, 그리고 이에 대항하고자 했던 우리 민족의 문화에 대한 자부심과 항일 의식까지 화려한 외양 속에 반만년 역사가 고스란히 담겨 있는 것이다.

세계 역사를 뒤바꾼
명약

최근 들어 김치, 한복 등 중국과 한국 사이에서 여러 문화를 두고 원조 논쟁이 한창이다. 하지만 중국이 자신 있게 자신들이 원조라고 주장하지 못하는 것이 있다. 바로 인삼이다. 그도 그럴 것이 중국인들은 지난 2,000년간 인삼은 오직 고려 인삼만을 최고로 평가했기 때문이다. 근대 이후 인삼의 효능은 서양으로까지 전해졌다. 2022년 농림축산식품부의 발표에 따르면, 인삼은 김치에 이어 농수산품 수출 품목에서 두 번째로 높은 비중을 차지했다. 가히 한국을 대표하는 식품이라고 할 수 있다. 그렇다면 인삼은 어떠한 매력으로 세계인의 사랑을 받는 명약이 되었을까?

2,000년 전에 등장한 인삼

인삼은 약 2,000년 전 중국 기록에 처음 등장하는데, 그 내용이

발해 유적에서 발굴된 인삼 같은 약초를 캐는 도구(위)와 충
남 금산군에서 발굴된 조선시대의 인삼 캐는 도구(아래). 서
로의 모양이 똑같다.

그리 자세하지는 않다. 중국인들은 인삼을 직접 캐지 않고 굉장히 먼 데서 수입했기 때문이다. 예나 지금이나 인삼의 대표적인 산지는 백두산 일대다. 인삼은 일교차, 계절에 따른 기온차가 뚜렷하고 서늘한 기후에서 잘 자라는 약용작물이다. 중국과 인삼 교역을 시작한 시기는 고조선 때부터인 것으로 추정된다. 당시 백두산 일대에서 얻은 모피를 중국과 교역한 흔적이 있는데, 이때 한반도 인삼의 존재가 중국에 알려졌던 것 같다.

우리 인삼이 본격적으로 널리 알려지게 된 것은 삼국시대에 들어서다. 당시 고구려와 백제는 진상품으로 중국에 인삼을 선물했다. 고구려와 백제의 인삼이 유명하다는 기록은 6세기경부터 등장한다. 통일신라도 당나라에 인삼을 보낸 기록이 있지만, 인삼의 품질이 고구려나 백제 인삼에 미치지는 못했던 것 같다. 심지어 당나라가 통일신라에서 보낸 인삼을 받지 않았다는 기록도 있다. 이는 통일신라가 인삼의 주요 산지인 백두산 일대와 멀어서 생산량이 적었던 데다 채취한 인삼을 저장하는 기술도 발달하지 못했던 탓도 있다.

우리 역사에서 인삼을 이야기할 때 빼놓을 수 없는 국가가 발해다. 신라 인삼에 대한 기록은 8세기 말 이후에 사라진다. 이 시기는 발해가 한반도에서 인삼의 주요 거래 국가로 등장하는 시점과 맞물린다. 발해의 영토는 시베리아 호랑이로 유명한 연해주 시호테알린산맥과 백두산 일대로까지 확장되었는데, 이 지역이 바로 인삼의 주요 산지였다. 일본도 8세기 초에 발해를 통해서 인삼을 처음 접한다. 발해는 기후가 냉랭하고 산세가 험한 지형에 위치했지만 그러한 토양에서 잘 자랐던 특산품 인삼 덕분에 이를 수출해 국고를 쌓을 수 있었다.

최근 러시아의 발해 유적에서 발해가 인삼 산지로 유명했음을 밝혀주는 물건이 발견되었다. 바로 인삼을 채취하는 도구다. 이 도구는 동물의 뼈로 만들어졌다. 오늘날에도 삼과 쇠는 상극이기 때문에 인삼을 채취할 때 나무나 골제로 된 도구를 사용한다. 흥미롭게도 인삼 캐는 도구가 발견된 곳들은 발해 유적들 중에서도 최북단 산악 지역들이었다.

인삼, 세계사를 주무르다

인삼은 청나라의 건국에도 큰 영향을 미쳤다. 청나라는 17세기 초 여진족 족장 누르하치가 중국 대륙의 여러 부족을 통일하고 세운 후금이 그 시작이다. 당시 동아시아에서는 조선만이 인삼 건조 기술을 보유하고 있었다. 누르하치는 이 기술을 알아냈을 뿐만 아니라 수시로 월경하여 조선 땅을 침범해 인삼을 캐가는 등 인삼을 통해 부를 축적한다. 누르하치의 뒤를 이은 홍타이지가 조선을 침략했던(정묘호란, 병자호란) 이유가 만주의 인삼을 독점하기 위한 것이었다는 연구도 있다. 홍타이지는 압록강을 건너 만주에서 인삼을 캐는 조선인에 대해 항의하는 서한을 인조에게 보내기도 했을

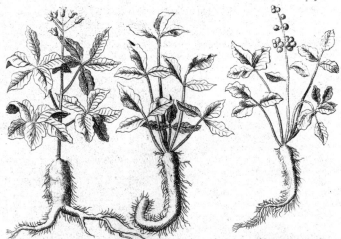

Verscheyde gedaantens van de wortel Nisi.

| 《북동타타르지》에 등장한 조선의 인삼.

정도다. 대만 학자 장주샨(蔣竹山)은 '인삼의 제국'이라는 제목의 저서에서 인삼이 청나라라는 거대한 제국을 움직인 물건이라고 평하기도 했다.

인삼은 유럽에서도 큰 주목을 받았다. 17세기 후반 네덜란드 외교관이었던 니콜라스 빗선이 집필한, 서양 최초의 동아시아 백과사전인《북동타타르지》(타타르는 몽골 계통의 지역을 통칭하는 단어)에는 인삼을 잔뿌리까지 생생하게 묘사한 그림이 나온다. 이 기록은《하멜표류기》로 유명한 하멜과 함께 제주에 표류했던 의사 마테우스 에이보켄이 제공한 자료를 토대로 한다. 그는 조선과 그 북쪽의 타타리아(시베리아와 북중국)의 험한 산속은 눈이 사시사철 쌓여 있고 호랑이도 많지만 인삼 뿌리가 있기에 사람들이 갖은 위험을 무릅쓰고 이를 캐서 일본, 중국과 교역한다고 기록했다. 일본에 주재했던 영국 동인도회사 직원이 본국에 고려 인삼을 보내며 '이 뿌리는 죽은 사람도 살려내기에 충분하다'라고 언급한 기록이 있을 정도로 서양인들은 인삼의 효능에 감탄했다.

인삼과 맞바꾼 논문과 비밀 무기

인삼과 관련해서 인상적인 에피소드를 하나 꼽으라면 리지린과 고힐강이라는 두 학자 사이의 이야기를 빼놓을 수 없다. 리지린은《고조선 연구》라는 책으로 유명한 북한의 역사학자다. 그는

1959~1961년 북한 사람으로는 처음으로 중국 베이징대학교 대학원에서 유학하며 중국의 사학자이자 민속학자인 고힐강에게 사사한다. 리지린은 박사논문에서 만주 일대가 한국의 역사적 영토라는 주장을 펼친다. 중국 입장에서는 달가워할 수 없는 주장이었다. 고힐강 역시 중국의 역사를 빼앗으려는 리지린을 나중에는 학문적 간첩이라고 대놓고 비판할 정도였다. 하지만 그는 리지린의 박사논문을 지도한 죄로 중국 당국에 불려가 조사를 받는 등 고초를 겪는다. 리지린에 대한 고힐강의 감정이 좋을 리만무했다. 하지만 그가 쓴 일기에 따르면 고힐강은 리지린이 졸업 기념으로 선물한 고려 인삼만은 무척 애지중지했다. 이 인삼은 리지린이 최종 박사논문 발표회를 앞두고 조선노동당의 이름으로 고힐강에게 선물한 최고급 인삼이었다. 고힐강이 이 인삼을 얼마나 좋아했는지 마지막 남은 인삼을 털어 먹으면서 '이제 인삼은 어디서 구한다는 말인가'라고 한탄하는 내용을 일기에 적었을 정도다.

소련에서는 인삼주와 비밀 군사 기술을 바꾸려다가 목숨을 잃은 사람도 있다. 1970년 말, 지금은 우크라이나 수도인 키이우의 군수공장에서 일하던 푸슈카르라는 기술자는 함께 근무하던 동료로부터 인삼주를 선물받는다. 그에게 인삼주를 선물한 이는 같은 군수공장에서 연수 중이던 북한 사람들이었다. 사실 이들이 푸슈카르에게 인삼주를 선물로 주며 접근한 까닭은 소련의 고급 군사기밀을 빼내기 위해서였다. 푸슈카르는 인삼주를 너무 좋아한

나머지 당시 소련을 대표하는 무기였던 대전차 공격포 '팔랑가'의 도면을 건네준다. 이후에도 북한 기술자들은 그에게 더 많은 도면을 요구했고, 그에 따른 선물도 많아졌다. 하지만 꼬리가 길면 밟히는 법이다. 그의 행적은 KGB에 포착되었고 그는 간첩 혐의로 체포되었다. 하지만 취조 결과는 황당하기 그지없었다. 최고 군사기밀을 건네고 받은 것이라고는 고작 인삼주가 전부였기 때문이다. 결국 푸슈카르는 수용소에 끌려가 수감 생활을 하다가 1987년에 죽음을 맞이했다. 사회주의 국가 내에서는 별다른 자양강장식품이 없었기 때문에 인삼이 그야말로 큰 선물이었던 것 같다.

한국 약초의 아이콘

지금까지도 인삼의 정확한 약리 작용에 대해서는 일치된 견해가 없다. 하지만 지난 2,000년간 인삼을 둘러싼 이야기가 무궁무진할 만큼 그 약효는 세계적으로 이름을 떨쳤다. 이러한 명성은 단순한 입소문이나 플라세보(위약 효과)만으로는 이룰 수 없다. 실제로 고려 인삼의 효능이 대단했기에 가능한 일이다. 한반도는 인삼이 잘 자라는 환경이었을 뿐만 아니라 인삼을 잘 가공하고 보존하는 방법, 약효를 지속시키는 법 등에 대한 노하우가 상당했다. 중국이 인삼의 기원을 중국이라고 강력히 주장하지 못하는 이유는 여기에 있는 것이 아닐까? 그 가치를 제대로 알고 탁월하게 활용할 수 있는 기술을 보유하는 것이야말로 원조나 기원에 대한 논쟁보다 더 중요함을 인삼의 역사를 통해 새삼 깨닫는다.

지구온난화
그리고
사라지는 문화유산들

지난 몇 년 사이 전 세계적으로 기후가 크게 변화했음을 실감한다. 우리나라의 경우 지난해에 이어 올해도 장맛비라고 보기에는 극심한 호우 피해가 잇달았다. 반면, 미국은 겨울에도 굉장히 온난한 편인 중남부 지역에 이례적인 한파가 닥치기도 했다. 북극과 남극의 빙하가 빠르게 녹아내려 해수면 상승의 위협이 커지고 있다는 뉴스는 이제 놀랍지도 않을 정도. 기후변화는 먼 나라의 이야기가 아니라 우리의 생존을 위협하는 심각한 위기로 대두되었다. 각국 정상들이 참석하는 국제 회담에서도 기후 문제는 빠짐없이 등장하는 전 지구적인 이슈다. 그런데 기후 위기가 인간을 비롯한 지구 생명체의 삶만 위협하는 것은 아니다. 인류의 문화유산도 기후 위기로 인해 큰 피해를 입고 있다.

　흔히 문화유산이라고 하면 이집트 피라미드나 캄보디아 앙코르와트처럼 웅장한 건축물이나 박물관에 전시된 유물을 떠올린다. 이들은 이미 발굴되어 보존 처리가 되었거나 지속적으로 관리

및 유지가 되고 있는 문화유산이다. 하지만 지구상에는 우리가 미처 발견하지 못한 문화유산들도 많다. 고고학자로서 기후 위기 뉴스를 접할 때마다 땅속에 묻힌 채로 훼손되고 있을 미지의 문화유산들이 늘 안타깝다.

2,500여 년 전 미라도 온전히 보호해준 천연 냉장고

기후 위기는 다양한 양상으로 나타나는데 그중에서도 가장 대표적이고 근원적인 문제는 지구온난화다. 지구온난화로 인해 녹아내리는 것은 극지방의 빙하뿐만이 아니다. 러시아, 카자흐스탄, 중국, 몽골의 국경 지대에 위치한 아름다운 산악 초원 지역인 알타이의 옛 무덤들과 그곳에 안장된 미라, 황금 유물들도 조용히 사라지는 중이다.

고대 그리스의 역사가 헤로도토스는 2,500년 전 알타이산맥에 살던 기마민족들을 가리켜 '황금을 지키는 그리핀'이라고 불렀다. 그리핀은 사자의 몸통과 독수리의 앞발을 가진 전설 속 동물인데 알타이 기마민족들이 머리에 새 모양의 모자를 쓰고 옷과 말에 황금 장식을 한 모습을 보고 그렇게 지칭했던 것이다. 고고학자들은 이들 우두머리의 무덤이 발견된 지역의 이름을 따서 이들 문화를 '파지리크(Pazyryk)' 문화라고 부르기도 한다. 파지리크 유적에서는 화려한 황금 유물과 양탄자, 인간 미라 등이 발견되었다. 파지

알타이 고원에서 발견된
황금알 입힌 그리핀 장식.

리크 유적에서 발견된 미라는 보존 상태가 굉장히 좋은 편이었는
데, 미라가 발견된 무덤이 영구동결대(땅이 항상 얼어 있는 지대)였기
때문이다.

사실 이 지역은 위도로 따지자면 북위 50도도 안 되는, 빙하의
북극권과는 거리가 먼 지역이다. 심지어 여름에는 햇볕이 따가울
정도다. 그런데 이런 중위도 지역에 영구동결대가 남아 있는 까닭
은 이곳이 해발 2,000~3,000미터에 달하는 고원지대이기 때문이
다. 파지리크 문화권의 기마민족들은 동토층을 파서 무덤을 만들
고 그 안에 시신을 담은 관과 유물 등을 묻었다. 그다음 커다란 돌
로 덮어 태양열을 막았다. 덕분에 짧은 여름 동안 내리쬐는 햇볕을
차단할 수 있었다. 가을과 겨울에는 눈비가 무덤 안으로 유입되었
다가 얼어붙게 되었다. 그래서 발굴을 하면 무덤 안에는 얼음이 꽉
차 있어서 마치 거대한 냉동고 같은 상태로 발견이 된다. 덕분에

| 얼음이 채워진 알타이 파지리크 유적의 무덤.

미라, 가죽옷, 양탄자, 나무 그릇 등이 2,500여 년 동안 땅속에 묻혀 있었으면서도 거의 대부분 썩거나 손상되지 않은 채 발굴될 수 있었다. 이곳에서 발굴된 것들 중에서 특히 유명한 것은 '얼음 공주'라고 이름 붙여진 여성 미라다. 이 여성 미라는 1993년 러시아 고고학자 나탈리아 폴로스막(Natalya Polosmak, 1956~)이 발견했는데, 어깨 등에 문신이 새겨져 있었다. 이듬해에는 그녀의 남편인 바체슬라브 몰로딘(Vyacheslav Molodin, 1948~)이 인근의 또 다른 무덤에서 20대 남성의 미라를 발견한다. 보존 상태가 굉장히 좋았던 이미라들은 전 세계적으로도 손꼽히는 유라시아 고대 유산이다.

| 알타이 얼음 고원에서 발견된 미라와 그 복원도.

파지리크 유적의 '얼음 공주'를 묻는 장면을 복원한 전시. 이런 복원은 영구동결대가 있었기에 가능하다(알타이 국립박물관 소장).

지구온난화로 사라지는 중인
유라시아 '얼음 왕국'의 유산

몰로딘 교수의 연구팀은 1994년 남성 미라를 발견한 지점 바로 옆 몽골 지역에서 영구동결대 고분을 발굴했다. 발굴 전에 지구물리학적인 탐사까지 해서 무덤 속에 얼음이 있음을 확인하고 발굴에 착수했다. 하지만 결과는 좋지 않았다. 얼음이 발굴 직전에 다 녹아버려서 무덤 안의 많은 유물들은 이미 사라지고 없었다. 부패를 방지해주던 얼음이 녹아버리면 무덤 속 미라, 펠트, 나무로 만든 도구 등이 빠른 속도로 썩어버린다. 황금 유물도 훼손을 피할 수 없는 것은 마찬가지다. 금은 주로 박 형태로 가공되어 쓰였는데, 금박을 붙였던 유물이 썩어버리면 금박 역시 구겨지거나 찢기는 등 기존의 형태를 잃게 된다. 고고학자들 사이에서 알타이 지역 일대 땅속에 묻힌 문화유산의 보존을 위한 방안을 마련해야 한다는 주장이 나올 수밖에 없는 현실이다.

2018년 7월, 나 역시 알타이 고원지대의 영구동결대에 있는 파지리크 바샤다르 고분 조사 작업에 참여한 적이 있다. 발굴 당시 현지 날씨는 기온이 섭씨 30도를 웃도는 무더위가 한창이었다. 해발고도가 높아 기온이 낮을 것에 대비해 점퍼와 스웨터를 챙겼지만 전혀 필요가 없었다. 조사에 함께 참여한 러시아 학자들도 몇 년 사이에 날씨가 이렇게 더워졌다며 안타까워했다. 이상 기후도 염려스러웠지만 지구온난화로 인해 지금 이 순간에도 훼손되고 사라지고 있을 수많은 유물들을 상상하면 고고학자로서 주저앉아 울고 싶은 심정마저 들 정도다.

현재 알타이 지역에는 앞에서 언급한 사례 외에도 수천 개의 파지리크 고분들이 남아 있다. 그러나 안타깝게도 2000년대 이후 알타이 고원지대 발굴 작업은 순탄히 이어질 수 없었다. 현지 주민들의 반대에 부딪혔기 때문이다. 고대의 무덤을 함부로 발굴하면 조상신들이 분노하여 자신들에게 재앙이 닥친다는 것이 이유였다. 땅속에서 잘 보존될 수만 있다면 무분별한 발굴 작업이 이루어지는 것보다 오히려 매장된 상태로 두는 것이 문화재 보호 측면에서는 더 낫다. 고고학자들 사이에서도 유적은 땅속에 있을 때

| 바샤다르 고분. 뒤쪽에 보이는 산을 덮고 있던 만년설은 이제 사라지고 없다.

가장 잘 보존된다는 말은 공공연하게 인정되는 사실이다. 아무리 보존 기술이 좋다고 해도 유물이 세상 밖에 한번 노출되고 나면 그때부터는 여러 요인들로 인해 본래 모습을 잃게 되기 때문이다.

하지만 사정이 급변 중이다. 지구온난화로 인해 영구동결대 얼음이 녹아버리면서 알타이 지역 문화유산들이 소리 소문 없이 사라지는 상황처럼 현재 지구 곳곳에서 이상 기후나 환경오염으로 인해 후세에 전해지지 못하고 묻혀버리는 역사가 적지 않으리라고 생각된다. 우리가 보호해야 하는 문화유산은 비단 발굴이 완료된 것들만을 대상으로 하지 않는다. 깊은 땅속에 매장되어 있어 언젠가 후세 사람들에 의해 발견되어지기를 기다리고 있는 유물들도 우리가 보호해야 할 문화유산이다. 말없이 사라지는 유물들이 많아질수록 인류 역사의 한 페이지를 밝혀줄 증거들도 줄어든다는 사실을 우리 모두가 기억했으면 좋겠다.

도굴

목숨을 건
음침한 도박

고고학과 유물에 대해 말하다 보면 도굴 이야기를 빼놓을 수 없다. 오래된 문화재나 보물은 비싼 값에 유통될 수 있기 때문에 도굴꾼들의 단골 표적이 되고는 한다. 보존, 연구되어야 하는 문화유산들이 단지 경제적 이익에 눈먼 사람들에 의해 무자비하게 파괴되고 약탈되는 상황은 고고학자들에게 악몽과도 같다.

한편, 도굴은 여러 매체에서 흥미로운 소재로 다루어지기도 한다. 고대의 유물을 찾아 떠나는 모험 이야기는 (그 행위의 타당성은 논외로 친다면) 스펙터클한 재미를 선사하기 때문이다. 가령, 할리우드 어드벤처 영화 〈인디아나 존스〉가 대표적이다. 인디아나 존스는 고고학자로 나오지만 정작 고고학자들은 가장 싫어하는 캐릭터다. 20세기 중반까지 식민지 유적지를 찾아가서 귀한 유물을 훼손하고 훔쳤던 서양 고고학계의 어두운 얼굴을 미화했기 때문이다. 그럼 지금부터 고고학의 세계와 대척점에 있다고도 볼 수 있는 도굴의 음침하고 비밀스러운 이야기 속으로 떠나보자.

죽어서도 부자이고 싶은 마음이
도굴꾼들을 불러 모으다

오래전 사람들은 신분이 높은 이가 세상을 떠나면 그의 시신 외에도 진귀한 보물들을 무덤에 함께 묻었다. 가령, 투탕카멘의 미라가 안치된 관은 삼중으로 된 관으로 만들어졌는데, 특히 맨 안쪽의 순금으로 만들어진 관은 그 무게만 해도 100킬로그램이 넘었다. 또한, 관 속에 잠들어 있던 투탕카멘의 미라는 황금 마스크를 쓰고 있었다. 이와 같은 황금 유물 외에도 투탕카멘의 무덤에서는 이집트 신들의 조각상, 의복, 활 등 다양한 부장품들이 발견되었다. 투탕카멘의 무덤에서 많은 수의 유물이 발견될 수 있었던 이유는 그동안 거의 도굴이 되지 않았기 때문이다.

죽어서도 살아 있을 때처럼 부유하고 존귀한 삶을 누리기를 바랐던 고대인들의 마음은 수천 년의 세월이 지난 뒤 이들의 무덤이 도굴꾼들의 목표가 되는 이유로 작용했다. 진시황의 14대조 할아버지인 진경공의 무덤은 이를 극단적으로 보여주는 사례다. 1970년대 중반 중국에서는 진시황릉 유적이 발견된다. 이에 중국 정부는 춘추전국시대 진나라에서 가장 큰 무덤을 썼던 진경공의 무덤 발굴에도 의욕적으로 착수하게 된다. 진경공은 기원전 577년에 즉위해 40년간 진나라를 다스리며 갖은 호사를 누린 인물이다. 그의 무덤은 직경 300미터에 깊이가 20미터나 될 정도로 그 규모가 대단하다. 기록에 따르면 그의 무덤에 순장된 사람 수만 해도 170여

| 투탕카멘의 황금 마스크.

명에 달했다. 이 정도 규모의 무덤이었으니 화려한 유물이 출토되리라고 기대하는 것은 당연했다.

하지만 예상과 달리 진경공의 무덤은 마치 도굴꾼들의 도굴 연습장이었던 듯 도굴갱이 250여 개나 발견되었다. 결국 1976년부터 1986년까지 10여 년간 이루어진 고고학자들의 발굴 노력은 모두 허사가 되고 말았다. 현재 거의 방치되다시피 한 진경공의 무덤은 혹여나 무덤이 무너질까 봐 콘크리트를 덧발라 억지로 보존 중인 상태다.

반면, 진시황의 무덤은 선조 진경공의 무덤보다도 훨씬 더 큰 규모였음에도 불구하고 도굴꾼들의 손길을 타지 않았다. 진경공의 무덤이 얼마나 무자비하게 도굴당했는지 익히 알고 있었던 진시황은 자신의 무덤 조성을 극비리에 진행한 것으로 보인다. 진시

도굴된 진경공의 무덤.

진경공의 무덤 내부를 복원한 모습. 마치 집처럼 꾸며놓았다.

황릉은 지금까지 발굴된 면적만 해도 축구장 세 개를 합친 넓이를 훌쩍 뛰어넘는다. 이 정도 규모의 무덤이었다면 필시 기록이 남아 있을 법도 하지만, 사마천의 《사기》를 봐도 '자동발사 활이 장치돼 도굴을 막는다', '수은으로 만든 강이 흐른다'와 같은 믿기 어려운 이야기들만이 기록되어 있을 뿐이다.

도굴꾼에 의해 발견된, '도굴의 왕' 조조의 무덤

도굴과 관련해 조조만큼 아이러니한 사연을 지닌 인물도 없다. 중국 역사서인 《후한서》에 따르면 조조는 군사 자금을 마련하기 위해서 무덤을 파헤치는 부대인 '발구중랑장(發丘中郞將)'과 보물을 긁어모으는 부대인 '모금교위(摸金校尉)'를 만들어 기원전 2세기 한나라 왕족인 양효왕(梁孝王)의 무덤을 비롯해 여러 무덤을 도굴했다고 한다. 각각의 도굴 절차에 최적화된 별도의 부대를 만들어 운용했을 정도이니 가히 체계적이고 전략적인 도굴이라 하지 않을 수 없다. 흥미로운 사실은 살아생전 도굴의 왕이었던 그의 무덤이 발견된 계기가 다름 아닌 후세 사람의 도굴 때문이라는 점이다.

2008년 봄, 중국의 역사 도시 허난성 안양시에서 옛 무덤들이 도굴되고 있다는 첩보가 입수된다. 이 일대는 유적이 워낙 많다 보니 이전에도 도굴이 많이 이루어져서 이 첩보에 크게 주목하는 이가 없었다. 늘 있는 일이려니 했던 것이다. 결국 그해 연말이나 되어서야 고고학자들이 가장 파괴가 심한 두 개의 무덤에 들어갔다. 도굴 현장은 참담했다. 무덤에는 3미터가 넘는 구멍이 뚫려 있어서 성인 장정도 쉽게 드나들 수 있을 정도였다. 남아 있는 유물이라고는 바닥에 널린 자잘한 400점 정도가 전부였다. 그런데 남아 있는 유물을 판독하던 고고학자들은 눈이 휘둥그레지고 만다. 얼마 되지 않은 유물들 사이에서 조조를 의미하는 '위무왕(魏武王)'이라는 글씨가 새겨진, 돌로 만든 꼬리표들이 다수 발견되었기 때문이다. 이것들은 무덤에 넣은 부장품들이 무엇인지 적어둔 일종의 꼬리표였다. 도굴꾼들이 부장품들은 거의 다 가져가고 돌로 만들어진 꼬리표들은 값어치가 없다고 생각해 버리고 간 것이다. 이윽고 2010년 중국 정부는 조조의 묘가 발견되었다고 공식적으로 발표한다. 묘의 주인이 밝혀진 사례, 특히 역사적으로 유명한 인물의 묘가 발견되는 경우는 극히 드물다.

그러나 이내 이 무덤이 조조의 것이 맞는지를 둘러싸고 논란이 불거진다. 무덤 방의 크기는 400제곱미터로 귀족급이기는 했지만, 삼국통일의 위업을 달성한 자의 무덤이라고 하기에는 너무 초라했다. 도굴을 당한 탓도 있었지만 출토된 유물 목록이 무척 빈약했다. '위무왕'이라는 명명도 진위 여부 논란에 불을 붙였다. 조조는 살아생전에는 '위왕'이라고 불렸고, 사후에는 '무왕'이라는 시호가 내려졌다. 그러니 '위무왕'이라고 불리기는 어렵다는 주장이었다. 수년간의 논란 끝에 중국 고고학계는 사료에 기록된 조조

무덤에서 발견된, 조조의 이름이 새겨진
돌 꼬리표.

무덤의 위치, 발굴된 인골의 연령이 60대인 점(조조는 66세에 사망
했다) 등을 들어 조조의 무덤이 맞다고 공식적으로 인정했다. 하지
만 지금도 진위 여부를 두고 의심이 가시지 않고 있다.

무덤의 진위 여부를 떠나 분명한 사실 하나는 조조 역시 앞서
언급한 진시황처럼 자신의 무덤이 도굴당할 것을 무척이나 걱정
했다는 것이다. 조조는 자신의 묘를 만들 때 봉분(무덤 위에 높게 쌓
는 둔덕)이나 왕릉을 보호하는 나무를 심지 말고, 귀중품도 넣지
말고, 수의도 평범한 것으로 준비하라고 명했다. 후대의 기록들을
살펴봐도 조조가 가짜 무덤을 사방에 두었다는 내용이 흔히 보인
다. 남송시대의 책에도 조조가 죽고 난 뒤에 수많은 도굴꾼들이
그의 무덤을 찾아 헤맸지만 정작 진짜 무덤은 못 찾았다는 기록이

| 조조의 두개골.

있을 정도다. 이런 기록들을 보면 옥새처럼 뚜렷한 증거 없이 논란이 되는 이름이 새겨진 꼬리표 몇 개를 근거로 조조의 무덤임을 확신하는 쪽을 의심하는 주장도 이해는 된다.

산 자와 죽은 자 모두의 부질없는 욕망

도굴은 죽어서도 살아생전의 부와 명예를 누리고 싶어 땅속에 금은보화를 묻었던 인간의 욕망과 목숨을 잃을 수도 있는 위험도 불사하며 그것을 도둑질해 부를 얻으려는 인간의 욕망이 만들어 낸 합작품이 아닐까 싶다. 물론, 거대하고 화려한 무덤을 만들기 위해 당대에 대규모 토목공사가 진행됨에 따라 일자리가 창출되고 경제가 순환하는 순기능도 있었다고 본다. 또한, 그들이 남긴 무덤과 부장품들 덕분에 미래의 고고학자들은 옛사람들의 삶을 추적할 실마리를 얻을 수 있었다.

지금은 예전의 왕이나 귀족처럼 자신의 무덤에 엄청난 양의 금은보화를 넣는 사람은 없다. 세계적인 부호라고 해도 진시황릉 같은 무덤을 만들 생각은 하지 않을 것이다. 대신에 무병장수를 기원하며 수많은 약과 시술에 돈을 쓴다. 수요가 있으면 공급이 있는 법이다. 아마존의 창업자 제프 베이조스는 '인간 유전자 재프로그래밍' 기술을 개발하는 '알토스랩'이라는 생명공학 스타트업 회사에 투자를 했다. 일론 머스크와 함께 페이팔을 만든 피터 틸은 이른바 '냉동 인간'을 연구하는 알코어 생명연장재단과 사후 냉동 보존 계약을 맺기도 했다. 유전자를 마치 컴퓨터 프로그램처럼 편집해 사람의 노화를 방지하거나, 심지어 다시 젊게 만든다는 것이 이들의 목표다. 이런 뉴스를 보면 거대한 무덤을 만들었던 고대의 왕이나 귀족들이 떠오르고는 한다.

죽음의 공포가 극대화되는 무덤이라는 공간을 다시 파헤쳐서 보물을 얻고자 하는 도굴꾼들의 마음도 어떻게든 경제적 이득을 얻으려는 요즘 우리의 삶과 큰 차이가 없어 보인다. 영생에 대한 꿈 그리고 돈에 대한 욕심, 인간의 이 두 가지 욕망은 지금도 그 모습만 바뀌었을 뿐 여전히 이어지고 있다.

모방

창조는
복제에서 시작된다

우리는 물건의 가치를 평가할 때 진품 여부를 가장 먼저 따진다. 〈TV쇼 진품명품〉이나 미국 인기 예능 〈폰 스타〉(한국에서는 '전당포 사나이들'이라는 제목으로 방송됨)처럼 골동품 값을 매기는 프로그램에서도 가장 중요시하는 지점은 진품 여부다. 진품에 대한 우리의 갈망은 무한정 복제가 가능한 디지털 사회가 도래해도 여전하다. 오히려 인터넷상의 디지털 파일이 '대체 불가능 토큰(Non-Fungible Token, NFT)'이라는 생소한 이름으로 거래되고 있는 것이 현실이다. 심지어 2021년 크리스티 경매장에서 '비플(Beeple)'이라는 무명의 화가가 컴퓨터로 작업한 〈매일: 첫 5,000일(Everydays: The First 5000 Days)〉이라는 작품은 무려 690만 달러(한화로 약 91억 원)라는 천문학적 가격으로 거래되기도 했다. 실물 형태로 존재하는 것은 아니지만 그 작품만의 고유함을 인정받은 셈이다.

그렇다면 우리가 진품을 선호하는 이유는 무엇일까? 모방한 것은 진품과 견줬을 때 아무런 가치가 없는 것일까? 역사를 돌아보며 인류는 끊임없이 신기술과 신제품을 모방하면서 점차 발전시켜왔다. 고고학 유물들은 모방과 창조의 역사를 고스란히 보여주는 살아 있는 증거다.

가품으로 만든 칠기, 중국을 구하다

가품은 진품의 수요를 공급이 따라잡기 어려울 때 만들어진다. 기원전 206년 한나라를 세운 한고조(유방)는 천하 통일의 기쁨도 잠시, 흉노를 복속하고자 치른 백등산 전투에서 치욕적인 패배를 당하고 만다. 이후 흉노와 화친을 맺었으나 약 200년간 매년 흉노에게 조공을 바쳐야만 했다. 기록에 따르면 한나라가 흉노에게 바친 공물로는 공녀를 비롯해 진귀한 과일과 고급 술 등 그 목록이 다양하다.

그런데 흉노인들이 진짜 좋아했던 물건은 따로 있었으니 바로 칠그릇이다. 중국의 칠그릇은 나무를 깎아 만든 그릇 표면에 옻칠을 한 것이었는데 양쪽 주둥이에 손잡이도 달려 있고 매우 가벼웠다. 휴대성이 좋으니 북방 유목 민족에게는 안성맞춤인 물건이었다. 흉노에게 공물로 진상된 칠기는 중국 내에서도 최고급 명품이었다. 흉노의 무덤에서 발견되는 칠그릇들은 모두 바닥에 중국 황실 직속 공방에서 만들어졌음을 증명하는 내용을 비롯해 해당 칠

노용–울 6호분에서 출토된, 사제 공방에서 만든 칠그릇.

그릇을 제작한 여섯 명의 장인 이름도 차례로 적혀 있다. 제작 과정에서 문제가 생길 경우 책임을 묻기 위함이었다. 이른바 '제작 실명제'라고 할 수 있다.

그런데 지금까지와는 다른 칠그릇이 발견된다. '노용-울'이라는 흉노의 왕족 고분에서 다른 칠그릇들에 비해 색감이나 마무리가 다소 미흡해 보이는 것이 발굴된 것이다. 그릇 뒷면 표기도 조금 달랐다. 이 칠그릇에는 휘갈겨 쓴 글씨로 당시 한나라 궁궐을 가리키는 표현인 '상림(上林)'이라는 글씨가 함께 적혀 있기는 했지만, 해당 칠그릇을 만드는 데 참여한 장인의 이름이 세 명만 적혀 있었다. 다른 칠그릇의 절반 수준이었다. 이러한 내용들을 토대로 판단했을 때, 이 칠그릇은 중국 황실 직속 공방에서 만들어진 물건이 아닌, 사제 공방에서 만들어져 납품된 가품이었을 확률이 컸다.

당시 흉노가 요구했던 조공의 물량이 엄청나다 보니 한나라 황실 재정에 막대한 피해가 갔다. 공물을 제때 공급하지 못하는 일도 일어났을 정도다. 사정이 그렇다 보니 황실 직속 공방이 아니라 사제 공방에 하청을 주고 공물용 칠그릇을 납품받은 것이다. 품질 면에서 다소 떨어졌지만 공물 제작에 들어가는 비용을 줄이기 위한 방편이었다. 이와 같은 방식으로 200여 년간 꾸준히 흉노에게 조공을 하며 굴욕적인 화친 정책을 지속하던 한나라는 한 무제에 이르러 강력하고 대대적인 반격을 가하면서 흉노를 몰아낼 수 있었다. 그러므로 가품 공물들은 가히 '중국을 구한 가품'이라고 해도 틀린 말은 아닐 것이다.

한나라의 청동거울을 모방한 우리나라의 방제경

적절한 모방은 그 물건이 널리 사용되고 보급되는 데에 도움을 주기도 한다. 고조선 멸망 후 한반도 남쪽의 국가들은 중국과 직접 교역하게 되는데 삼한의 우두머리들은 중국에서 사온 관리의 옷과 도장을 비롯해 중국제 명품을 무척 좋아했다. 그중에서도 인기가 있던 제품은 청동거울이었다. 한나라의 청동거울은 중국 내에서도 귀족들의 전유물이었다. 청동거울의 뒷면은 화려하게 장식되어 있었을 뿐만 아니라 둥그런 모양이 태양 같아서 행복과 부를 상징했다. 청동거울은 실용성과 상징성을 겸비한 도구였다. 청동거울은 일본에서도 인기가 있었는데, 야요이시대 무덤에서는 청동거울이 같은 장소에도 몇 개씩 발견되기도 한다.

그런데 이 중국 명품의 수요가 많아지자 그 대안으로 청동거울을 모방한 제품이 널리 제작, 사용되기 시작한다. 일명 '본뜬거울'이라고도 불리는 방제경(倣製鏡)이다. 방제경은 특히 약 2,000년 전 무렵 삼한이 있던 경상남도 일대에서 널리 유행했다. 얼핏 보면 한나라 청동거울과 유사하지만 자세히 보면 그 무늬가 조잡해서 차이가 난다. 거울 뒷면의 무늬는 실용적인 측면에서는 아무 필요가 없다 보니 문양이 다소 거칠더라도 누구나 쉽게 쓸 수 있

일명 '본뜬거울'로도 불리는 방제경.

대구 평리동에서 발견된 중국제 청동거울.

도록 보급형으로 만들어 널리 사용한 것이다. 방제경 덕분에 더욱 많은 사람들이 거울을 사용할 수 있게 되었다.

방제경은 경기도 하남시 미사리에 있는 초기 백제시대의 집터에서도 발견되었다. 이는 이제 거울이 살아생전 귀하게 사용되다가 무덤에 함께 묻히는 물건이 아니라 집에서 쓰다가 그냥 버릴 정도로 흔한 물건이 되었음을 뜻한다. 이쯤 되면 방제경은 청동거울의 어설픈 가품이라고 치부할 수 없다. 그보다는 더 많은 사람들이 실용적인 도구를 사용할 수 있도록 보급형으로 발전된 형태라고 봐도 좋을 듯하다. 심지어 방제경은 한반도에서 멀리 떨어진 흑해 연안이나 우크라이나에서도 발견되었다. 실크로드를 통해서 교역이 왕성해지면서 중국제 물품에 대한 수요가 급증하자 이를 본뜬 방제경이 유통되었던 것이다.

박물관에 진열된 금관이 가품이었다?

바로 앞 '도굴' 편에서도 살펴보았지만, 값나가는 유물에 눈이 멀어서 범죄를 저지르는 사람들이 적지 않다. 도굴이 무덤 등의 유적지에서 발굴되기 전 문화유산을 훔쳐가는 행위라면 박물관에 전시된 유물을 노리는 이들도 있다. 우리나라를 대표하는 유물 중 하나인 신라 금관은 문화재 도둑들의 단골 타깃이었다. 할리우드 영화에나 나올 법한 국보 절도 사건은 해방 이후 우리나라에서 두 번이나 일어났는데 두 사건 모두 신라 금관이 타깃이었다.

우리나라에서 신라 금관이 최초로 발굴된 것은 '신라 금관' 편에 언급했듯이 1921년의 일로 지금으로부터 거의 100여 년 전이다. 일제강점기에 신라 금관은 모두 세 개가 발견된다. 그런데 일본이 패망한 뒤 미군정 시기를 거쳐 남북한에 체제가 다른 정부가 수립되는 일련의 혼란한 시기를 겪는 동안 이 금관들을 두고 한몫을 챙기려는 이들에 의해 도난 사건이 발생한다.

첫 번째 도난은 1949년 5월 12일 발생했다. 당시 국립박물관에서 소장 중이던 서봉총과 금령총의 금관이 도난을 당한다. 박물관의 경비를 뚫기 위해 범인은 아주 치밀한 계획을 세웠다. 범인은 박물관 휴관일에 맞춰 신라 금관이 진열된 전시실 뒷문을 깨고 들어와 진열장 자물쇠를 능숙하게 뜯고 금관 두 점을 훔쳐 달아났다. 하지만 결과적으로 금관은 안전했다. 경비를 제대로 할 수 없는 상황이라고 판단한 박물관 측에서 진품은 따로 보관해두고 가품을 진열해두었던 것이다.

김재원 당시 국립박물관 관장은 한 매체와의 인터뷰에서 이렇게 말했다. "훔쳐간 금관은 발굴 직후 이왕직 미술제작소(대한제국 시절 왕가의 보물을 관리하던 곳)에서 알루미늄으로 만든 것에 금빛을 칠한 것이오. 그 귀한 금관 진품을 어찌 우리가 사람들이 다 보는 진열장에 내놓겠소? 진짜는 모처에 잘 있으니 걱정 마시오." 하지만 박물관장의 속은 시커멓게 타들어갔을 것이다. 복제품을 진열한 까닭에 진품이 도난당하는 일은 막을 수 있었지만, 진열된 금관이 복제품이라는 사실을 알리지 않은 채 전시를 했던 것은 문제의 소지가 있었다. 또한, 도난당한 물건이 진품이든 복제품이든 간에 한 나라를 대표하는 국립박물관의 유물이 쉽게 도난당했다는 사실만으로도 크게 문책을 당할 사안이었다.

이후 빠르게 수사가 이루어졌는데, 도둑이 박물관의 지리를 잘 알고 있었다는 점과 전시장의 자물쇠를 정확히 노린 점에 주목해 내부 소행으로 방향을 잡고 용의자를 찾아냈다. 사건 발생 4일 만에 잡은 범인은 놀랍게도 당일 박물관 경비를 보았던 장철이라는 인물과 그 일당이었다. 장철은 이미 전과 3범의 품행이 나쁜 자였으나 해방 직후의 혼란한 상황에서 그의 전과 사실을 파악하기란 쉽지 않았다. 그는 복역 중인 형무소에서 알게 된 또 다른 절도 전과자인 권정학과 결탁해 자물쇠를 뜯을 장비도 직접 마련하고 절도를 감행했다. 두 범인을 잡았을 때 이미 금관은 다른 장물아비에게 넘어간 상태였다. 그 모조품이 어디로 갔는지는 아무도 모른다. 범인까지 잡힌 마당에 굳이 '가짜' 유물을 힘들여 찾을 필요는 없었다. 세간의 이목이 집중될 만한 큰 사건이었지만 사건 직후 한국전쟁이 일어나면서 희대의 유물 도난 사건은 사람들의 뇌리에서 빠르게 사라진다.

두 번째 금관 도난 사건은 한국전쟁이 끝난 직후인 1956년 국립박물관 경주분관(이하 '경주박물관'*으로 표기)에서 벌어졌다. 이때도 도둑들이 훔쳐간 금관은 복제품이었다. 사실 박물관에서는 아주 특별한 경우가 아니라면 복제품을 전시하지 않는다. 만약 복제품을 전시한다면 그에 대한 안내문을 달아주어야 한다. 당연한 말이지만 진열된 유물이 복제품이라는 안내문이 적혀 있으면 도둑이 훔치러 올 이유도 없다. 그렇다면 경주박물관은 왜 복제품 금관을 진품인 양 버젓이 전시했을까? 여기에는 한국전쟁과 관련된 깊은 사연이 있다.

1950년 7월, 파죽지세로 내려오는 북한군의 위세에 눌려서 남한 정부는 대구를 임시 수도로 삼게 된다. 북한군의 진격에 우리 국군의 방어선은 점차 남쪽으로 내려갔고, 이와 같은 전황에 따라 서울, 공주, 부여 등에 있던 박물관도 속수무책으로 북한 손에 떨어졌다. 심지어 당시 국립박물관장이었던 김재원은 제대로 피난도 못한 채 북한의 치하가 된 서울에 계속 남아 있어서 생사마저 불투명하고 연락이 두절된 상태였다. 낙동강 전선에서 얼마나 더 밀려날지 모르는 상황에서 정부는 마지막으로 남은 경주박물관의 유물마저 북한 수하에 들어갈 것을 걱정했다. 이에 정부는 신라 금관총에서 출토된 금관을 비롯한 국보급 유물 120여 점을 미국 화물선으로 비밀리에 옮긴다. 이 유물들은 샌프란시스코 뱅크 오브 아메리카의 지하 창고에 보관되었다.

국보급 유물의 미국 이동 프로젝트는 극비리에 진행되었다. 전쟁 중에 국보급 문화재들이 비밀리에 한국을 빠져나간다는 사실

---

* 당시에는 '경주박물관'이라는 정식 명칭으로 불린 건 아니었고, 해방 이후(1945년)에 조선총독부박물관 경주분관을 인수해서 국립박물관 경주분관으로 개관해 운영했다. '국립경주박물관'이라는 명칭으로 개관한 것은 1975년 일이다.

을 국민들이 알게 되면 엄청난 동요가 일어날 것이 뻔했기 때문이다. 다행히 전시 상황이 이내 호전되어서 1951년 경주박물관은 다시 개관한다. 이때부터 경주박물관 직원들의 고심이 시작되었다. 신라 금관 없는 경주박물관은 단팥 없는 찐빵이나 마찬가지였다. 금관 진열실에 정작 금관이 없으니 금관이 미국으로 건너간 사정을 알 리 없는 경주 시민들의 문의가 빗발치는 것은 당연했다. 금관이 미국에 있다는 것은 기밀이었으니 사실대로 밀할 수노 없었다. 이에 경주박물관의 직원 박일훈은 한 가지 꾀를 낸다. 그는 모조품을 만들어서 전시하는 방안을 제안했다. 손끝이 야무졌던 박일훈은 가계 살림에 보태기 위해서 가족들과 함께 가내수공업 형태로 유물을 모티브로 한 기념품을 만들어 팔아 생계를 유지하고 있었다.

다만, 한 가지 문제가 있었다. 유물을 복제하려면 실물을 보고 만들어야 한다. 그런데 실물 금관은 미국으로 건너가 있으니 참고할 도리가 없었다. 이에 박일훈은 1952년 봄, 부산으로 피난을 가서 그곳에 보관되어 있던 금령총과 서봉총에서 발굴된 금관을 실측하고 이를 토대로 모조품을 만든다. 모조품의 만듦새가 얼마나 감쪽같았던지 그 누구도 의심하는 사람이 없었다고 한다. 요즘이라면 관객을 기만하는 행위였지만 당시는 전쟁이라는 특수한 상황이기도 했고 사회적으로 어수선했던 시기라 큰 문제없이 조용히 잘 넘어갈 수 있었다.

그로부터 4년여의 시간이 흐른 후인 1956년 3월 7일, 두 번째 금관 도난 사건이 일어난다. 당시 금관고 경비 담당자는 진열실의 자물쇠도 잠그지 않고 외출을 했다가 그냥 퇴근을 해버리는 어처구니없는 실수를 하고 말았는데, 그 틈을 타서 도둑이 침입했고, 금관 두 점을 도난당했다. 아마도 경비는 금관이 모조품인 것을 알고서 평소 관리를 소홀히 했던 것 같다. 금관에 눈독을 들이고 있던 도둑은 그 기회를 놓치지 않았다. 이 황당한 모조품 도난 사건이 터지자 박물관과 경찰은 즉시 박물관에 진열 중이었던 금관이 모조품임을 널리 알린다. 하지만 진품은 미국에 있다는 말은 하지 않고, 박물관 모처에 잘 보관되어 있다고만 했다. 참고로 진짜 금관은 1959년 한국으로 무사히 되돌아왔다. 그때까지 경주박물관의 거짓말은 다행히 들통나지 않아서 유야무야 잘 넘어갈 수 있었다.

모조품 금관을 훔친 불행한 도둑들은 사건 발생일로부터 7개월 뒤인 10월이 되어서야 붙잡혔다. 이들은 경주를 중심으로 활동하던 2인조 절도단이었는데, 다른 절도 건으로 잡혀서 여죄를 추궁당하다가 금관을 훔친 사실을 자백했다. 첫 번째 금관 도난 사건 때와 같이 이들이 훔쳐간 모조품 금관도 끝내 찾지는 못했다. 범인들은 금관이 모조품이라는 뉴스를 보고 실망해서 경주 서천 모랫바닥에 묻어버렸다고 진술했다. 범인들이 붙잡힌 때는 장마철이 지난 가을이었기에 모랫바닥에 묻힌 모조품 금관은 이미 장맛비에 쓸려나간 상태였다. 모조품이다 보니 다시 찾아왔다고 해도 유물로 대접은 못 받았겠지만, 이를 둘러싼 스토리 때문에 아마 실제 금관 못지않게 관람객들의 관심을 끌기에는 충분했으리라는 생각이 든다.

　가짜와 복제품은 비슷해 보이지만 그 의미가 다르다. 가짜는 거짓인 것을 참으로 꾸민 것이다. 복제품은 본디의 것과 똑같이 본떠 만든 물품으로 여러 부득이한 상황에서 진품을 대체하는 역할을 한다. 가령, 전 세계에 로제타석은 단 하나뿐이다. 진품 로제타석은 현재 대영박물관에서 소장 중이다. 하지만 문자의 역사를 이야기할 때 로제다석은 빼놓을 수 없는 유물이다. 대영박물관의 진품을 보여줄 수 없는 박물관에서는 복제품을 만들어 진열할 수밖에 없다. 만일 진품이 아예 사라졌거나 파괴되었을 경우, 복제품은 진품을 대신하는 역할을 하기도 한다.

　하지만 전후 한국에서 벌어진 복제품 금관 도난 소동은 고고학자로서 입맛이 쓰다. 당시 한국 사회는 〈세상은 요지경〉이라는 유행가의 한 구절처럼 여기저기에서 가짜가 횡행했다. 문화재에 대한 인식도 매우 낮아서 황금 유물이라고 하면 앞뒤 가리지 않고 절도하려는 사람도 많았다. 복제품을 전시했던 덕분에 두 차례나 일어난 국보급 유물 도난 사건의 결말은 해피엔딩이었지만, 사건의 맥락을 자세히 들여다보면 해방과 한국전쟁 직후 우리 사회의 혼란했던 단면을 보는 것 같아 씁쓸하기만 하다.

복제와 모방에 담긴 인간의 욕망

독일 문예비평가 발터 벤야민(Walter Benjamin, 1892~1940)은 예술에서의 '아우라(Aura)' 개념을 제시한 바 있다. 〈기술 복제시대의 예술 작품〉이라는 그의 논문에서 처음 사용된 이 용어는 '어떤 예술 작품이나 물건에서 느껴지는 분위기, 모방할 수 없는 특유의 기운'을 가리킨다. 아무리 완벽한 복제라고 할지라도 거기에는 이 한 가지 요소가 빠질 수밖에 없다는 것이 벤야민의 생각이었다. 가령, 콘서트홀에서 듣는 오페라와 오디오로 재생하여 듣는 오페라는 현장성 등에서 다를 수밖에 없다. 그 차이가 곧 해당 작품의 가치로 환원된다.

하지만 기존의 것을 모방하는 행위를 통해 인류가 예술을 비롯해 여러 영역에서 발전해왔음은 부인하기 어렵다. 인간은 끊임없이 주변을 흉내 내고 복제해왔다. 그 복제의 대상에는 인간이 만든 물건 외에도 다양한 동물과 자연현상들도 포함된다. 그것들의 특징을 포착해 모방함으로써 인간의 예술과 종교가 탄생했다.

독일 홀렌슈타인-슈타델 동굴 유적에서는 상아로 만든 조각상이 발견되었다. 이 조각상은 약 4만 년 전에 만들어진, 세계에서 가장 오래된 인물상인데 사자의 머리를 한 샤먼을 표현한 것이라고 한다. 이외에도 구석기시대 샤먼을 표현한 예술상이 발견되었는데, 이 조각상들은 공통적으로 짐승의 형태를 모방해 만들어진 것이 특징이다. 당시 샤먼은 다양한 동물의 모습으로 빙의하여 사람들의 마음을 끌었을 것으로 추측된다. 고대인들은 자연을 모방함으로써 자신에게 신을 부르는 능력이 있음을 보여주기도 했다.

앞서 살펴본 여러 예시들처럼 모방으로 만들어진 결과물은 단순히 가짜 내지 아류로 취급하기에는 인류 역사에 순방향으로 작용하기도 했다. 하지만 오늘날 우리는 여전히 진품에 열광한다. 원본과 복제품의 차이가 전혀 없는 디지털 세계에서마저 '대체 불가능'하다고 표시를 해둔 진품이 등장할 정도로 진짜와 가짜를 가르는 인간의 욕망은 끝이 없다. 원본에 대한 이런 갈망에는 그것을 소유함으로써 자신을 타인과 차별화하려는 마음이 숨어 있다.

IV

·———·

영원
Permanence

·———·

영원한 삶을 욕망하다

1,500년 전
고구려인들이 구현한
메타버스

최근 들어 제페토, 로블록스, 샌드박스 등 메타버스 플랫폼들이 급부상하는 중이다. 메타버스(Metaverse)는 '가상', '초월' 등을 의미하는 영단어 '메타(Meta)'와 '우주'를 뜻하는 '유니버스(Universe)'의 합성어로, 현실 세계에서처럼 사회, 경제, 문화 활동이 이루어지는 3차원의 가상 세계를 의미한다. 현실과 가상현실이 혼재된 메타버스의 본질은 현실의 나를 초월해 새로운 삶을 경험하는 것이다.

2,300여 년 전 중국 전국시대 사상가였던 장자의 '호접지몽(胡蝶之夢)' 고사는 현실을 넘어선 새로운 자아를 갈망하던 인류의 모습을 상징적으로 보여준다. 호접지몽을 한자 그대로 풀이하면 '나비에 관한 꿈'이라는 뜻인데, 장자가 꿈에서 호랑나비가 되어 훨훨 날아다니다가 꿈에서 깨고 난 뒤 자기가 꿈에 호랑나비가 되었던 것인지 호랑나비가 꿈에 장자가 되었던 것인지 모르겠다고 한 것에서 유래했다. 고대 이래로 사람들은 자신의 육체적 한계를 초

월한 새로운 세계를 꿈꿔왔다. 그 바람은 때로는 꿈으로, 때로는 유체 이탈을 하는 샤먼의 모습으로 표현되었다. 고고학자의 시선에서는 무덤에 그려진 벽화가 고대인들이 구현한 일종의 메타버스로 보이고는 한다. 그럼 지금부터 옛사람들이 남긴 유물들을 통해 초월적 삶을 꿈꿔온 인류의 바람을 살펴보자.

우리는 매일 밤 메타버스를 경험한다

인간이 육체의 한계를 벗어나 새로운 세상을 경험하는 가장 일반적인 방법은 꿈이다. 20세기 초반 프로이트와 융이 꿈은 인간 무의식의 표현이며 목적을 가지고 있다고 주장하기 이전부터 인류에게 꿈은 또 다른 세계를 실현시켜주는 유력한 도구였다.

가령, 아메리카 원주민들은 꿈을 현실 세계와 동일시하고 '드림캐처(dream catcher)'라는 도구를 만들어 사용했다. 드림캐처는 버드나무와 새의 깃털, 구슬 등을 재료로 제작되었는데, 아메리카 원주민들은 드림캐처를 머리맡에 걸어두면 악몽을 잡아주어 좋은 꿈을 꿀 수 있다고 믿었다. 가상 세계(꿈) 속 좋지 않은 무언가를 잡아준다는 측면에서 실시간 증강현실 게임인 '포켓몬고'의 원형인 셈이다. 중세시대 서양 사람들 역시 인큐버스나 서큐버스 같은 꿈속의 악마가 현실의 사람을 해칠 수 있다고 믿었다.

신기한 이야기를 모아놓은 고려시대 책인 《수이전》에는 '최치원'이라는 제목의 이야기가 있다. 최치원이 어려서 당나라에 단신으로 유학하고 과거에 급제하여 남경의 율수현에 현감으로 초임 발령을 받은 후 귀신 자매와 연애를 하는 내용이다. 실제로 이야기 속 자매의 무덤은 현재 중국 장쑤성 난징시 남쪽 100킬로미터 떨어진 곳에 유적지로 조성되어 있다. 지금은 한나라 때의 무덤이라고 밝혀졌지만, 최치원의 경험인 꿈속의 사랑 이야기는 한국과 중국에 널리 알려져 있다. 최치원이 겪은 쌍녀분 이야기는 과연 진실일까?

죽은 쌍둥이 자매가 환생해서 시를 나누고 심지어 운우지정까지 나누었다는 이야기를 곧이 믿기는 어렵다. 하지만 최치원의 상황을 헤아려보면 충분히 이런 이야기가 나올 법도 하다. 어린 시절 홀로 타지에 유학을 와서 극도의 외로움 속에서 살았던 사내였으니 다양한 로맨스가 꿈에 나타나지 않았을까? 최치원이라는 문장의 대가에게 깃든 꿈속에서의 사랑은 시가 곁들여지며 하나의 이야기로 만들어졌을 것 같다.

이처럼 사람들은 꿈을 곧 인간 삶의 연장으로 보았다. 또한, 그 꿈을 다스리고 해석하면서 자연스럽게 현실 생활의 도피처로 삼기도 했다.

샤먼만이 가능했던 특수한 메타버스, 유체 이탈

꿈은 인간이라면 누구나 경험하는 정신현상이지만, 잠을 자야만 가능하고 의식적으로 그 내용을 조절할 수 없다. 반면, 샤먼은 제의와 같은 의식을 통해서 자신의 육체적 한계를 뛰어넘어 다른 세계를 경험하고 초능력을 발휘하는 존재였다. '엑스터시(ecstasy)'라고도 불리는 이런 샤먼의 특수한 상태를 유체 이탈이라고도 한다. 죽음의 문턱까지 갔다가 살아 돌아오는 사람이 경험하는 임사 체험에서도 유체 이탈 현상이 보고된다. 하지만 의학계에서는 이를 단순한 환각이라고 보는 경우가 대부분이다.

샤먼들은 다양한 환각제와 술 그리고 제의를 통하여 인간의 육체적 틀을 벗어나 영적 세계를 여행했다. 샤먼의 흔적은 다양한 고고학 기록에 남아 있다. 2,600여 년 전 중국 베이징 인근 만리장성에 살던 유목민의 무덤에서는 개구리와 비슷하게 생긴 양서류 모양의 관을 쓰고 무엇인가를 보는 모습의 인물상이 발견되었다. 마치 오늘날 VR(가상현실) 안경을 쓴 것 같은 형태였다. 옛사람들은 특히 뱀, 도마뱀, 개구리 등 파충류나 양서류 형상을 선호했는데, 이들은 육지와 습지를 오가며 생활하는 습성을 가진 동물들이다. 그런 까닭에 다른 세계를 여행하는 자의 상징으로 이용되었던 것으로 짐작된다.

러시아 시베리아 남부에 위치한 바이칼에서는 약 5,000년 전에

2,600여 년 전의 것으로 추정되는, 중국 만리장성 근처에서 발견된 유목민의 조각상. 마치 VR 안경을 쓴 듯한 모습이다.

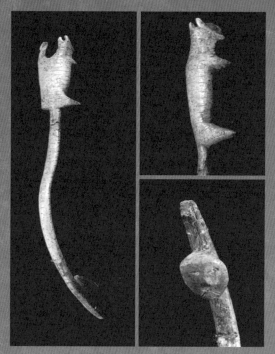

약 5,000년 전의 것으로 추정되는, 바이칼에서 발견된 샤먼의 정
령상(서울대학교박물관 소장).

만들어진 샤먼의 무덤이 발견되었는데, 이곳에서는 샤먼이 유체 이탈한 모습을 생생히 보여주는 유물이 발굴되었다. 인간과 동물의 형태가 뒤섞인 몸을 가진 정령의 기다란 꼬리 끝에 샤먼의 얼굴이 달려 있는 조각상이었다. 이 조각상에는 자신들이 믿는 정령을 따라서 육체적 한계를 극복하고 다양한 세계를 여행하는 인간의 모습이 표현되었다. 내몽골의 홍산 문화 유적에서는 애벌레와 같은 형태의 곡옥과 벌레, 구름 속 나비 등이 환골탈태하는 모습을 표현한 옥세품이 무덤에서 발견되기도 했다.

고구려인, 벽화를 통해 가상 세계를 구현하다

고구려 벽화는 매우 특별한 유적이다. 고구려인들의 일상생활에서부터 생사관 그리고 신화의 세계까지 고스란히 보여주기 때문이다. 땅을 파 무덤을 만들고 사방이 어두운 공간에서 희미한 등불에 의지한 채로 벽화를 그렸을 과정을 생각하면 정말 대단하다는 생각도 든다. 아마도 고분 내부에 벽화를 그렸던 이들은 후세 사람들이 이 그림을 보리라고는 생각하지 못했을 것이다. 이들은 오직 무덤의 주인공을 위해 벽화를 그렸을 테니 말이다.

무덤은 죽은 자의 집이다. 무덤 입구는 현관에 해당하고, 무덤 주인공은 안방에 해당하는 가장 안쪽 방에 안치된다. 옛사람들은 죽음을 삶의 끝이라고 믿지 않았다. 죽어서도 삶이 이어진다고 믿

덕화리 1호분 천장 벽화(국립문화재연구소 제공).

었던 이들은 무덤을 무덤 주인공의 저승에서의 삶을 위한 거처로 다양하게 활용했다. 새로운 세계에 대한 인간의 바람은 죽은 자의 영원한 거처인 무덤 곳곳에 녹아 있다. 고구려를 비롯해 수많은 지역에서 발견되는 고분에서는 형이상학적인 기호와 모티브, 밤하늘 등의 모습이 그려진 벽화가 시신이 안치된 방을 감싸고 있다.

가령, 고구려 고분벽화에서 지상을 의미하는 벽에는 고구려인들의 실제 생활상을 생동감 있게 표현했고, 천장 쪽으로 올라가면서 하늘의 별을 비롯해 신화적인 요소를 섞어서 표현했다. 이는 마치 현실과 판타지가 한데 어우러진 가상현실 배경과도 비슷하다. 현실과 가상의 모습을 두루 섞어서 3차원의 가상 세계를 구현해낸 메타버스가 이미 1,500여 년 전 고구려 벽화 속에 들어 있었던 것이다. 고구려 외에도 세계 여러 지역에서 발견되는 벽화나 바위그림은 죽음을 끝이 아니라 새로운 출발로 생각했던 옛사람들의 믿음을 가상과 현실이 조합된 메타버스 형태로 구현해낸 예술 작품이라고 할 수 있다.

하늘과 이어진 천장의 비밀

고구려 고분에서 눈에 띄는 점은 벽화 말고도 또 있다. 바로 천장의 모양이다. 고구려 고분의 천장은 '모줄임(또는 말각조정식)천

269

장'이라고 불리는 독특한 형태다. 모줄임은 무덤의 네 벽 위에서 1~2단 안쪽으로 돌을 비스듬히 괴어 올린 후, 네 귀에서 세모의 굄돌을 걸치는 식으로 모를 줄여가며 올리는 건축 기술인데, 이는 유라시아 유목민들이 집을 지을 때 천장을 마치 하늘처럼 만드는 데에서 유래했다. 모줄임 방식을 적용하면 굉장히 입체적이고 층고가 높은 천장이 만들어진다. 모줄임천장은 고구려의 대표적인 고분 건축술로 경기도 용인과 충청도 일대의 고구려 고분에서도 그 양식이 발견된다.

고구려인들은 고분 천장을 입체적으로 만든 후 그 사이사이에 별자리와 해당 별자리와 관련된 신화 속 인물들도 새겨 넣었다. 고구려 고분벽화에 그려진 이미지 중 널리 알려진 삼족오(태양 속에서 산다는 세 발을 가진 까마귀)도 모줄임천장에 그려진 것이다. 보통 죽은 사람의 몸은 하늘을 보고 뉘인 형태로 안치된다. 어쩌면 무덤을 만든 이들은 무덤 주인이 자리에 누워 하늘을 바라보며 별자리를 감상하고, 신화 속 인물들과 조우하기를 바랐던 것은 아닐까?

그렇다면 모줄임천장은 고구려인들이 발명한 것일까? 그렇지는 않다. 천장을 마치 천체투영관처럼 입체적이고 높게 쌓아 올리는 방식은 중앙아시아 초원에 사는 유목 민족들로부터 시작되었다. 몽골 초원에서 밤을 지내본 사람이라면 그곳 하늘에서 벌어지는 쏟아질 듯한 별들의 향연을 잊지 못할 것이다. 하늘을 이불 삼아 사는 유목민들에게 별자리는 그들의 가장 가까운 친구였다. 또

| 중앙아시아 유목민의 집 천장.

한, 한낮의 뜨거운 태양은 이들의 중요한 재산인 가축을 먹여 살리는 힘의 원천이다. 보통 초원의 유목 민족들은 '게르' 또는 '유르트' 등으로 불리는 이동식 천막이나 나무로 만든 오두막집에서 산다. 천막의 경우 자연스럽게 돔형으로 천장이 만들어진다. 반면, 나무를 쌓아 만든 오두막집은 하늘을 표현하기가 쉽지 않다 보니 모줄임이라는 독특한 기법을 만들게 된 것이다. 그렇게 만들어진 작은 천장 사이로 낮에는 태양 빛이 쏟아졌고, 밤에는 은하수가 지나갔다.

유목민이 만들어낸 천체투영관은 고구려로도 전해졌다. 모줄임천장은 다른 말로 말각조정식천장이라고도 불리는데, 말각조정은 하늘(궁창)을 의미한다. 고구려인들은 유목 민족들이 어두운 유르트 안에서 태양을 바라보듯이 무덤 주인이 어두운 무덤 속에서도 찬란한 태양 빛과 함께 하기를 바랐다. 그런 맥락에서 보자면 고구려 고분과 거기에 그려진 벽화는 한반도 최초의 천체투영관인 셈이다.

영화나 드라마를 보면 타임 슬립을 해서 다른 세상으로 이동을 하거나 두 사람 사이의 영혼이 뒤바뀌는 설정이 종종 등장한다. 현대 과학으로는 아직까지 실현이 불가능한 설정이지만 이러한 설정을 사람들은 자연스럽게 받아들인다. 특히 최근에는 '회빙환'이라고 해서 웹소설 등에서 회귀, 빙의, 환생하는 설정이 굉장히 많은 사람들에게 인기를 끌고 있다고도 한다. 오늘날에도 인류는 현실을 벗어나 다른 삶을 살고자 하는 꿈을 꾼다. 이는 인간의 아주 오래된 욕망이다.

하지만 아무리 맛있는 음식이 있다고 해도 그것을 먹는 사람의 미각이 그 맛을 제대로 음미할 수 없다면 아무 소용이 없듯이, 메타버스를 구현하는 기술이 대단히 발달한다고 해도 우리의 오감이 감각할 수 있는 범위를 벗어난다면 그것은 아무 소용이 없는 기술에 그칠 것이다. 그리고 인간의 신체는 수만 년 전 초기 현생인류가 등장한 이후 거의 변화하지 않았다. 기술의 발달에 환호하기 이전에 우리가 어떻게 메타버스의 세계를 갈망해왔는지, 그것을 구현하기 위해 어떤 시도들을 해왔는지 등을 살펴보는 것이 우선인 이유다.

구리참새의 언덕
그리고 현충원

6월은 흔히 '호국 보훈의 달'로 불린다. 현충일(6월 6일), 6·25전쟁일, 제2연평해전일(6월 29일), 의병의 날(6월 1일) 등 가족과 민족을 위해서 목숨을 바친 이들을 기념하고 추모하는 날들이 몰려 있기 때문이다. 공동체를 수호하느라 희생된 사람들을 기억하고 되새기는 의식은 유라시아와 한국에서 그 역사가 유구한 보편적인 현상이다. 가령, 낡은 칼을 땅에 꽂아 전사자를 추모하던 3,000여 년 전 유목 민족의 풍습은 한반도의 고인돌에서도 발견된다. 오늘날 대한민국 정부는 최첨단 과학기술과 고고학 연구 성과를 바탕으로 전쟁의 참화 속에서 시신이 제대로 수습되지 못한 분들의 유해를 발굴하는 작업에 앞장서고 있다.

낡은 칼과 망부석

전쟁 영화 포스터나 스틸 이미지를 보면 전장에 총을 꽂고 그 위에 철모를 걸어두어 시신이 있는 곳을 표시하는 장면이 종종 묘사된다. 이는 약 3,000여 년 전 고대 유라시아 초원의 유목 전사들이 땅에 낡은 칼을 꽂아 전사자를 위로하던 풍습에서 그 기원을 찾을 수 있다. 동서양을 대표하는 역사서인 헤로도토스의《역사》와 사마천의《사기》에는 초원 사람들이 낡은 칼을 전사의 상징으로 숭배했다는 내용이 공통적으로 나온다. 이 풍습을《역사》에서는 '아키나케스',《사기》에서는 '경로'라고 불렀는데, 동일한 말을 다르게 음차한 것이다.

이 풍습은 고대 그리스로 건너가서 전쟁의 신 아레스(Ares)의 상징이 된다. 한반도에서도 고인돌 앞에 비파형동검을 꽂아두고 숭배했던 흔적이 발견되었다. 현대인들의 관점에서는 화려한 황금 보검이 아니라 날이 빠진 낡은 칼을 꽂아두는 것이 선뜻 이해되지 않을 것이다. 이는 저승과 이승을 반대로 생각했던 고대 유목 민족들의 관념에서 비롯되었다. 죽은 자를 위한 유물은 일부러 부러뜨리거나 깨서 기존의 형태를 훼손하여 넣는 경우가 흔하다.

전쟁터에서 목숨을 잃은 왕이나 장군의 경우에는 시신을 거둔 뒤 거대한 무덤을 만들고 그 안에 안치했다. 2,500여 년 전 러시아 알타이 초원의 파지리크 고분군 유적에서 왕족을 묻은 대형 무덤을 발굴하던 중 흥미로운 인골이 발견되었다. 미라 형태로 발견

| 몽골의 사슴돌. 낡은 칼과 함께 초원의 전사를 추모하는 망부석이다.

된 무덤의 주인공은 머리 가죽이 벗겨진 상태였는데 벗겨진 부분을 소가죽으로 덧대어둔 것이다. 오래전 동아시아에서는 적장을 죽이고 나면 목을 베어 그의 해골로 술잔을 만들어 마시는 풍습이 있었다. 이와 비슷한 맥락의 풍습으로 유목 민족들의 경우에는 목을 베는 대신 머리 가죽을 벗겨서 자신이 타고 다니는 말의 꼬리에 달고 다녔다. 아마도 미라로 발견된 왕족은 전쟁터에서 선봉에 나섰다가 희생을 당한 인물이지 싶다. 그의 부하들은 전장에서 목숨을 잃고 머리 가죽이 벗겨진 수장의 유해를 고이 모셔와 적군에게 훼손된 신체를 정성스레 복구시킨 후 무덤에 안장했을 것이다.

이런 풍습이 있다 보니 전사의 유골은 전쟁터에서 획득해야 하

는 주요한 전리품이었다. 북방 유목 전사들은 전쟁이 끝나고 승기를 잡았다고 해도 적의 무덤을 찾아 그 인골을 훼손해야 비로소 전쟁이 끝났다고 생각했다. 그 과정에서 무덤에서 발견한 귀금속들을 전리품으로 챙기기도 했다. 실제로 흉노의 고분을 발굴하다 보면 이미 도굴이 되어서 인골이 사방에 흩어져 있는 경우가 많다.

전사자 유골을 두고 벌어진
고구려와 당나라의 전쟁

전사자의 유골을 두고 두 나라 사이에서 전쟁이 벌어지기도 했다. 고구려는 수나라와의 전쟁에서 대승을 거둔 뒤 전장 곳곳에서 전사자들의 시신을 수습해 일종의 전승기념탑이자 합동 무덤인 '경관(京觀)'이라는 것을 세우고 고구려군의 사기를 고취했다. 경관은 전쟁터에서 목숨을 잃은 고구려 전사들을 추모함과 동시에 어떠한 외세도 막아내겠다는 결연한 의지의 표현이었다. 수나라의 뒤를 이어 등장한 당나라는 영류왕 14년(631년)에 고구려가 세운 경관을 파괴하고 그 안에 함께 묻힌 수나라 군사의 유골을 찾아서 매장해주었다. 사실 당나라가 자신들이 무너뜨린 왕조인 수나라 군사들의 유골을 챙길 이유는 없었다. 당시 고구려는 천리장성을 쌓아서 당나라와의 일전을 준비하고 있었다. 당나라가 고구려의 경관을 파괴한 것은 결전을 예고하는 선전포고였던 셈이다.

고려와 조선시대 사료에도 전쟁으로 희생된 병사들의 장례를 치러주고 유가족들의 생계를 보조해줄 것을 명하는 내용이 자주 등장한다. 가령, 고려 현종은 "길가에 방치된 국경수비군의 유골은 집으로 보내어 장례를 치르도록"했다(《동국통감》 권15 〈고려기〉). 여진족을 몰아내고 오늘날 평안도와 함경도 지역에 4군 6진을 개척해 북방 변방으로까지 나아간 조선 세종은 "국경에 나가 전사하거나 병사하면 모두 시체를 찾아서 메고 돌아와 장사하라"는 엄명을 내렸다(《조선왕조실록》 세종 21년, 1439년의 기록). 엄청난 군비가 들어가는 북방 정벌 과정에서도 휘하 군사들의 희생을 일일이 챙기는 마음에는 흐트러짐이 없었다.

구리참새의 나루터

우리나라에서 '호국 보훈'의 상징적인 공간은 국립서울현충원이다. 광복과 더불어 국군이 창설된 이후 초기에는 북한군의 도발 등으로 전사한 장병들을 서울 장충사에 안치했다. 그런데 전사자 수가 증가하다 보니 별도의 묘지 설치 문제가 대두된다. 이후 한국전쟁이 시작되면서 묘지 후보지 물색이 잠시 중단되었으나 계속되는 격전으로 인해 전사자 수가 증가하자 국군 묘지 설치 문제가 다시 논의되기 시작된다. 이후 여러 곳의 답사를 거쳐 서울 동작동의 현 위치로 국군 묘지 부지가 확정된다.

국립서울현충원이 위치한 동작동의 한자는 '銅雀(구리 동, 참새 작)'으로 '구릿빛 참새 또는 구리로 만든 참새'라는 뜻이다. 한강 나루터 지역인 이곳에는 구릿빛 자갈이 많아서 조선시대에 '동재기'라고 불렀다고도 한다. 그런데 공교롭게도 '동작'이라는 명칭이 《삼국지연의》를 비롯해 중국의 각종 민간 전설에도 등장한다. 조조가 위나라 수도인 업성(鄴城)에 '구리참새의 제단(동작대)'을 건설했다는 이야기다.

줄거리는 대략 이렇다. 번개가 치고 난 다음 날, 한 농부가 번개로 패인 땅에서 구리로 만든 참새를 주워서 조조에게 가져왔다. 이에 조조 수하의 명장군이었던 순유가 이 구리참새를 얻은 것은 귀하고 상서로운 신탁이라는 해석을 내렸다. 밤마다 전쟁의 여파로 신경이 날카로웠던 조조는 순유의 말을 귀담아듣고 곰곰 생각

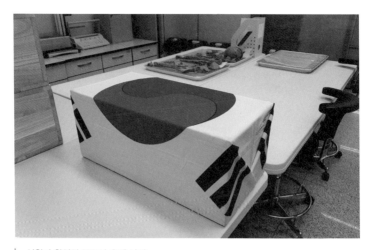

신원이 확인된 국군의 유해 사진.

한 끝에 전사자들의 영혼을 위로하고 자신의 치적을 널리 알리기 위한 목적으로 거대한 누대를 짓는다. 그 누대가 바로 동작대다.

동작대는 중국 허베이성 한단시 임장현에 위치한 실존하는 건물이다. 조조가 210년에 원소를 정벌하고 난 다음에 지은 건물로 명나라 때까지 증축을 하면서 계속 사용되었다. 한국전쟁 이후 현충원을 건립하기 위해 열 곳 이상을 살펴보다가 최종적으로 서울 동작동으로 부지를 선정한 것이 《삼국지연의》에 등장하는 '동작대' 이야기와 관련이 있는 것인지는 아쉽게도 확인할 길이 없다. 만일 특별한 의도가 있었던 것이 아니라면 굉장히 놀라운 우연이 아닐 수 없다.

국립서울현충원에는 2007년에 정식 기구로 출범한 유해발굴감식단도 자리를 잡고 있다. 유해발굴감식단은 21세기식 영웅 추모 방법이라고 할 수 있다. 유해발굴감식단의 작업은 고고학자들이 유물을 찾는 방법과 동일하다. 발굴된 인골들의 DNA 등을 첨단 기법으로 판별해 신원을 알아낸다.

유해 발굴의 전통이 가장 발달한 나라는 단연 미국이다. 그러나 한국도 비록 그 역사는 짧지만 유해 발굴 기술력이 세계 어느 나라에도 뒤지지 않는 수준이다. 두 차례 벌어진 세계대전의 주역인 유럽과 전쟁으로 인해 수많은 희생을 겪은 러시아 같은 나라들은 의외로 유해 발굴에 소홀한 편이다. 그런 점에서 전후 상처를 딛고 경제나 문화적 측면에서 세계의 선두에 선 대한민국은 전사자를 추모하는 길에서도 선두에 선 셈이다. 같은 맥락에서 우리 영웅들의 유해를 찾는 일에 앞장서는 만큼 우리와 겨루었던 적군의 유해도 인도적 차원에서 찾아 돌려주는 활동이 필요하다. 고려 우왕은 고려 백성은 물론이요, 적이었던 왜구들의 시신도 거둘 것을 명했다. 적이라도 인간으로서의 권리와 존엄은 존중해야 하기 때문이다.

제2차 세계대전 이후에 지구상에서는 70년 넘게 큰 전쟁이 없었다. 우리나라가 직접 관여한 전쟁인 베트남전쟁에서도 1973년 3월에 최종 철수했으니 벌써 50년 전의 일이 되었다. 어느덧 우리의 기억 속에서 전쟁은 희미해져 가고 있던 차에 2022년 2월 러시아와 우크라이나 사이에서 전쟁이 발발했다. 러시아에서 유학하고 주요 전공 분야의 현장도 시베리아이기 때문인지 나에게 그

전쟁의 참사는 좀 더 가깝게 다가왔다. 전쟁에서 희생되는 양측의 모든 군인들은 한창 젊은 꿈을 꿀 대학생 정도의 나이다. 뉴스에서 새로운 '영웅'으로 보도되는 군인들의 사진이 등장하면 가슴이 아프다. 하지만 세계는 어느덧 피를 흘리는 전쟁을 조금씩 잊고 있다. 그나마 나오는 뉴스에서도 전쟁을 지휘하는 장군이나 정치인들이 등장할 뿐이다. 각국에서도 이 전쟁이 선거에 어떤 영향을 미칠지 그리고 전후 재건 사업의 경제적인 이익은 누가 차지할까를 논한다.

그러고 보니 우리가 기억하는 호국 영령의 영웅들은 큰 전쟁을 승리로 이끈 장군들이 대부분이다. 하지만 더 많은 희생을 치러야 했던 것은 언제나 평범한 누군가의 소중한 아들과 아버지들이었다. 그런 점에서 최근 유해발굴감식단과 보훈 사업은 장군과 같은 유명한 사람뿐 아니라 전사자 한 분 한 분에게도 정성을 다한다는 점에서 특별하다.

우리가 전쟁터에서 사라져간 이들을 기억해야 하는 이유는 그들이 인간이라면 누구나 가져야 할 일상적인 행복을 누리지 못하고 우리 대신에 피를 흘리고 아픔을 겪었기 때문이다. 이름 모를 산과 언덕에 묻혀 있는 뼈 한 조각에 정성을 다하는 이유도 바로 여기에 있다.

미라

불로장생을 꿈꾸는 인간의
부질없는 바람

영생을 꿈꾸는 것은 부질없다. 이 세상에서 단 하나 변함없는 진실이 있다면 그것은 인간은 모두 죽는다는 사실이다. 그럼에도 인류는 수천 년간 그 덧없는 꿈을 내려놓지 못했다. 문명이 본격적으로 발달하고 권력과 부를 지닌 계층이 생겨나자 영생의 바람을 실현시키고자 하는 시도들이 나타났다.

시신을 썩지 않게 만들어 살아 있을 때의 모습과 최대한 가깝게 보존시킨 미라는 그 대표적인 사례다. 미라 하면 우리는 흔히 이집트를 떠올리지만, 미라는 한랭한 북극해에서부터 남아메리카의 잉카에 이르기까지 세계 곳곳에서 발견된다. 우리나라와 일본에서도 미라가 발견되었다. 오늘날 발견되는 대부분의 미라는 장례 풍습과 환경적 조건이 맞아떨어진 결과물이다. 시신을 땅에 묻기 전 보통 염습(시신을 씻긴 뒤 수의로 갈아입히고 염포로 묶는 일)을 하는데, 이후 시신이 썩지 않고 잘 보존될 수 있는 온도와 습도 등이 형성되면서 우연히 미라가 만들어지는 것이다. 반면, 이집트 미라는 내세를 믿었던 이집트인들이 죽은 이의 시신을 영원히 보존하기 위한 '의도'로 만든 것이었다.

미라의 원조국 이집트
그리고 투탕카멘 미라의 비밀

우리가 미라 하면 떠올리는 가장 일반적인 모습은 온몸이 리넨 천으로 감싸이고 황금으로 치장된 형태일 것이다. 이는 이집트 미라의 흔한 모습이다. 왜 이집트인들은 미라를 만들게 되었을까? 가장 첫 번째 이유는 그들의 기후 조건이다. 이집트는 건조한 사막지대이기 때문에 시신을 미라로 만들지 않더라도 자연스럽게 시신이 보존된다. 살아생전과 똑같이 남아 있는 사람이나 동물의 시신을 보면서 고대 이집트인들은 저렇게 육신이 보존된다면 여전히 살아 있는 것과 같다는 생각을 자연스럽게 하게 되었다.

초기에는 시신을 모래 구덩이에 묻어 건조시켰다. 그러다 왕이나 귀족들을 살아 있는 듯한 모습으로 만들어 관에 넣어 시신을 보존하기 시작했다. 그런데 문제가 생겼다. 관 속은 건조한 외부 사막과는 달리 습도는 높고 온도는 낮아서 시신이 이내 상할 수밖에 없었다. 이에 이집트인들은 무덤 안에서도 시신을 온전한 형태로 보존하기 위한 다양한 방법을 고안해냈다. 기원전 4세기 헤로도토스가 쓴《역사》에는 미라를 만드는 방법이 생전 신분과 제작 비용에 따라 세 가지로 나뉘어졌다고 할 정도였다.

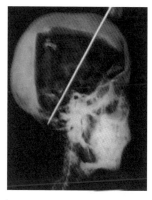

투탕카멘 뇌의 엑스레이. 뒷머리에 구멍이 난 것을 볼 수 있다.

미라를 만드는 핵심 기술은 부패하기 쉬운 내장을 빼내고 피부는 탈수를 시켜서 보존 처리하는 것이다. 먼저 콧구멍으로 갈고리를 집어넣어 뇌 속을 긁어 뇌수를 빼낸다. 물론, 이 과정에서 얼굴에 상처가 나면 안 된다. 다음으로는 갈비뼈 밑에 구멍을 내서 장기를 빼내어 카노피라고 하는 별도의 단지에 넣는다. 단, 저승에서 심판을 받을 때 필요한 심장은 부적과 함께 제자리에 다시 넣어둔다. 그다음에는 몸에서 수분과 지방 성분을 빼내는 탈수 작업을 거친다. 단순한 탈수가 아니라 몸의 외형을 그대로 보존하는 길고도 세심한 작업이다. 얼마 전 3,450년 전의 것으로 추정되는 미라를 만드는 방법이 적혀 있는 파피루스가 발견되었는데, 35일간 건조를 하고 35일간 붕대를 감는 등 총 70일이 소요된다고 했다. 〈창세기〉 50장에도 이집트 총리가 된 요셉이 아버지 야곱이 죽자 40일간 미라를 만들고 70일 동안 애도를 했다고 적혀 있는데 이는 이 파피루스 속 기록과도 대략 비슷하다.

이집트 미라와 관련해 인기 있는 주제 중 하나는 투탕카멘 살해설이다. 투탕카멘은 사실 알려진 바도 거의 없고 그리 유명

19세기 말 이집트에서 팔리던 미라(1875년 촬영). 이집트인의 바람과 달리 선조들이 만든 미라는 값싼 기념품으로 팔려 나갔다.

한 인물이 아니었다. 그런데 1922년 영국 고고학자 하워드 카터 (Howard Carter, 1874~1939)가 '왕가의 계곡' 발굴 도중 투탕카멘의 무덤을 발견하면서 세계 고고학 역사의 중요한 페이지를 장식하게 된다. 그의 무덤에서 발견된 황금 마스크는 고고학을 대표하는 이미지가 되었다. 투탕카멘은 아버지인 아케나텐의 개혁이 실패한 후 사제들의 권력이 다시 득세할 무렵 어린 나이에 등극한 힘 없는 왕이었다. 그는 신체가 허약해 열여덟 살이라는 어린 나이에 세상을 떠났다. 왕권이 미약한 어린 왕이 너무나 창창한 나이에 죽었으니 뒷이야기가 나올 법도 하다. 실제로 최근에 그의 미라를 재조사하니 뒷머리뼈에 구멍이 뚫렸고 갈비뼈도 부러진 흔적이 있었다.

하지만 대부분의 학자들은 투탕카멘 살해설에 동의하지 않는다. 진실은 간단하다. 머리뼈의 구멍과 갈비뼈 골절은 미라를 만드는 과정에서 생긴 것이라고 봤기 때문이다. 뒷머리에 난 구멍은 미라를 만들 때 뇌수를 빼는 과정에서 난 상처다. 갈비뼈와 가슴의 상처는 시신을 아마포 붕대로 감아 좁은 관에 넣을 때에 무리하게 욱여넣는 과정에서 부러뜨린 흔적이라고 본다. 화려한 황금 관을 마음대로 넓힐 수 없으니 보이지 않게 미라를 훼손해가면서 관에 넣은 것이다. 이런 까닭으로 앞에서 보면 멀쩡해 보이지만 미라의 뒷면은 우리 생각보다 조삽하다. 죽은 사람이 아프다고 불평할 일은 없으니 관에 안치했을 때 말끔해 보이기 위해 미라를 만드는 과정에서 시신을 훼손하는 경우도 종종 벌어졌다. 아무리 화려한 황금 마스크를 덮었다고 해도 신체 여러 곳에 상처가 나고 심하게 변형된 것이 이집트 미라의 실제 모습이다.

미라 제조 기술, 소련으로 이어지다

현대에 이르러 미라를 만드는 기술을 계승한 나라는 엉뚱하게도 20세기 초반의 소련이었다. 미라의 주인공은 소련 건국의 주역 블라디미르 레닌(Vladimir Lenin, 1870~1924)이다. 레닌은 1924년 1월 사망했다. 뼛속까지 유물론자였던 그가 영생을 바라며 미라가 되고자 했을 리는 없다. 그는 평범하게 어머니 곁에 묻히고 싶다는 유언을 남겼다. 하지만 레닌의 뒤를 이은 스탈린과 그가 이끌던 소련 정부는 레닌을 참배하는 수십만 명의 인파를 보고 그를 미라로 만들어 영구 보존하기로 결정한다. 종교를 부정하고 유물론적 사고에 입각한 공산주의를 바탕으로 소련을 세운 건국의 아버지를 미라로 만든, 다소 어처구니없는 결정을 두고서는 여전히 다양한 설들이 분분하다. 레닌의 시신은 러시아의 추운 겨울 덕분에 거의 부패하지 않았다. 그의 시신을 보존하면 언젠가 과학이 발달한 먼 미래에 그를 되살릴 수도 있다는 바람을 가진 학자도 있었다.

하지만 그의 시신을 미라로 영구 보존한 더 큰 이유는 그의 시신을 매장하고 나면 국민들이 어떻게 나올지 알 수 없었기 때문이다. 무지한 소련 인민들을 대상으로 레닌을 사칭하는 수많은 가짜들이 나올 가능성도 있었고, 수많은 음모론이 난무해 여론이 동요할지도 모른다는 우려가 있었던 것이다. 제정러시아 후반부에 라스푸틴이라는 희대의 괴승이 나라를 휘저었던 기억이 여전히 생생했던 시절이었으니 그런 우려가 근거 없는 걱정은 아니었다.

이유가 어떠했든 간에 상부의 결정이 내려진 이상, 레닌의 시신은 미라로 만들어져야 했다. 그 과정이 별다른 준비 없이 급히 이루어짐에 따라 여러 시행착오들이 생겼는데, 그로 인해 레닌의 시신은 사후 여러 약품의 실험 대상이 되는 고초를 겪는다. 지금도 러시아의 미라 연구소에서는 첨단 기술을 동원해 레닌의 미라를 1년 반에 한 번씩 꺼내어 다시 보존 처리를 한다. 레닌의 미라는 겉에서 보았을 때는 평온한 모습으로 잠들어 있는 듯하다. 하지만 매년 엄청난 화학약품을 사용해 표면만 간신히 말끔하게 유

| 영하 20도의 날씨에도 불구하고 레닌의 장례식에 모여든 인파.

지하는 수준이다.

레닌 이후 북한의 김일성과 김정일 부자를 비롯해 사회주의 국가의 지도자들은 사후 미라로 만들어져 공개되었다. 미라 제작이 일종의 정치적 프로파간다 내지 영웅 숭배 풍습이 되어버렸다고 할 수 있겠다. 그 덕에 오늘날 러시아의 미라 보존 처리 기술은 세계적인 수준을 자랑한다. 살아생전 사회주의 혁명에 큰 공헌을 했던 레닌은 죽어서는 고고학의 발전에 일조한 셈이다.

소련이 몰락한 지 30년이 넘은 지금, 3차원 기술과 수많은 가상현실의 체험이 가능한 시대에도 여전히 러시아 사람들은 레닌의 미라를 계속 보존하고 싶어 한다. 레닌의 미라는 사회주의를 상징하는 의미를 넘어선다. 그의 미라는 강대국이었던 소련 시절을 영원히 기억하고 싶은 러시아 사람들에게 일종의 상징처럼 여겨진

다. 그러고 보면 현대의 미라는 죽은 사람이 아니라 산 사람들의
욕망이 반영된 결과물이 아닐까?

욕망이 과학을 만날 때

오늘날 불로장생의 욕망은 조금 다른 방식으로 구현되는 중이
다. 바로 냉동 인간(Cryonics)이다. 냉동 인간은 1960년대 급속 냉
동 기술이 발전하면서 시도되기 시작했다. 체내 혈액 등을 제거하
고 영하 200도 온도에서 인체를 급속도로 얼리면 냉동 인간이 만
들어진다. 미국의 알코어 생명연장재단은 이 서비스를 제공하는
단체인데, 많은 사람들이 냉동 인간이 되고자 대기 중이다. 하지
만 대부분의 과학자들은 냉동 인간의 부활 가능성을 매우 낮게 본
다. 현대의 과학기술로는 인체 세포를 전혀 손상시키지 않고 얼렸
다가 해동할 수 없기 때문이다. 그러니 설사 영생을 가능하게 하
는 의료 기술이 개발된다고 해도 해동된 시신에 적용할 방법은 달
리 없다.

레닌의 경우도 마찬가지다. 레닌의 시신을 미라로 만들면서 뇌
는 따로 꺼내어 약 1만 3,000개의 표본으로 만들었다고 한다. 세
기의 천재 아인슈타인의 뇌도 비슷한 방법으로 보존 중이다. 언젠
가 과학이 발달하면 보존한 그들의 뇌를 복구하여 그들이 지녔던
지혜를 미래에 복원할 수 있으리라는 믿음 때문이다. 하지만 그로

부터 100여 년이 지난 지금, 컴퓨터단층촬영(CT)을 통해 뇌를 관찰하는 편이 더 능률적이고 효율적이다.

오늘날 일론 머스크나 제프 베이조스 같은 슈퍼 리치들은 천문학적인 돈을 퍼부으면서 불로장생의 꿈을 실현하는 프로젝트에 참여하고 있다. 과연 그들의 바람은 실현될 수 있을까? 아마도 웃음거리가 될 가능성이 더 크다. 냉동 인간의 사례에서 보듯이 일론 머스크가 아무리 거대 자본을 첨단 기술에 투입한다고 해도 몇 년 후면 지금 첨단 기술이라고 불리는 것이 미래에는 낡은 기술이 되어 있을 것이다. 또한, 인간은 현재 기초적인 수준의 생명체를 만드는 수준까지는 생명과학 기술을 발전시켰지만, 죽음의 문제 앞에서는 여전히 속수무책이다. 영생에 대한 꿈은 한동안 꿈으로만 남아 있을 확률이 높다.

냉동 인간과 미라는 인간의 가장 원천적인 욕망의 결과물인 동시에 과학의 원동력이 되었다. 지금도 계속되는 슈퍼 리치들의 영생에 대한 바람은 미라가 되어 살아날 것이라고 믿었던 고대 왕들의 그것과 크게 다르지 않다.

불로장생을 바라는 인간의 욕망은 황금을 얻기 위한 바람으로 인해 발달했던 연금술과 비슷하다. 불로장생과 황금에 대한 욕심은 다양한 과학 분야의 발전을 이끌어냈다. 과거 영생에 투자했던 부자들 덕에 고고학이 발달한 것처럼 천문학적인 돈을 불멸의 삶에 투자하는 슈퍼 리치들 덕분에 경제는 부흥하고, 기술은 발전하며, 미래의 고고학자들에게는 흥미로운 유물을 남길 것 같다.

투탕카멘 미라의 저주,
그 진실은?

고고학에 관심이 없는 사람이라고 해도 이집트 파라오 투탕카멘의 이름은 익히 들어봤을 것이다. 지금으로부터 3,350년 전 열여덟 살의 나이로 요절해 역사에서 사라졌던 이 이집트 왕의 무덤은 1922년 영국 고고학자 하워드 카터에 의해 발견되며 세상 빛을 보게 된다. 투탕카멘의 무덤은 도굴되지 않았던 덕분에 황금관과 황금 마스크를 비롯해 다량의 유물이 출토되었고 이들은 이집트를 대표하는 문화유산으로 자리매김했다.

투탕카멘의 무덤은 당시 발굴에 참여했던 관계자들의 잇단 죽음으로도 유명했다. 투탕카멘 미라의 저주로 인해 죽었다는 소문이 공공연한 사실처럼 나돌았던 것이다. 과연 그 진실은 무엇일까? 지금부터 투탕카멘 무덤 발굴을 둘러싼 흥미진진한 이야기 속으로 모험을 떠나보자.

이집트와 사랑에 빠진 귀족

모든 연구가 그렇지만 고고학 발굴에도 많은 자본이 필요하다. 투탕카멘 무덤 발굴에 대해 이야기를 하려면 발굴 작업을 후원했던 조지 허버트 카나본 경(George Herbert Carnarvon, 1866~1923)이라는 귀족을 언급하지 않을 수 없다. 그는 젊은 시절 익스트림 스포츠를 매우 좋아했던 모험가였는데, 경마와 스포츠카에 심하게 중독되어서 재산을 탕진한다. 그 결과, 대대로 내려오던 가문의 저택마저 빚쟁이들에게 넘어갈 상황에 처한다. 그러나 백만장자 로스차일드의 사생아인 알미나와 결혼한 덕분에 빚도 청산하고 로스차일드의 재산까지 증여받는다.

그가 이집트 유물에 관심을 갖게 된 계기는 교통사고였다. 카나본 경은 심각한 자동차 사고(세계 최초의 교통사고라고 한다)의 후유증으로 더 이상 익스트림 스포츠를 즐길 수 없게 되자 다른 쪽에 관심을 쏟게 된다. 휴양 차 방문한 이집트에 갔다가 그곳의 골동품들을 사들이는 등 이집트 고고학에 관심을 붙이게 된 것이다. 골동품을 사들이는 것을 넘어서서 직접 이집트 무덤을 발굴하고 싶어진 카나본 경은 1907년 고고학자 하워드 카터를 소개받는다. 이윽고 둘은 의기투합해 발굴에 착수한다. 발굴은 제1차 세계대전으로 인해 잠시 중단되기도 했지만, 카나본 경과 카터는 카나본 경이 죽을 때까지 발굴 파트너로 함께했다. 따지고 보면 카나본 경이 막대한 발굴 비용을 댈 수 있었던 것은 로스차일드 가문에서도와준 덕분이라고도 할 수 있겠다.

'흙수저' 고고학자 하워드 카터

카나본 경이 발굴 작업의 자본을 담당했다면, 고고학자 하워드 카터는 현장을 총괄했다. 카터는 요즘 말로 하면 '흙수저' 고고학자였다. 그는 고고학자로서 전문 교육을 받은 인물이 아니었다. 그는 제도공이었던 아버지에게 수채화를 배운 후 이집트 문자를 필사하는 일을 했다. 이후 대영박물관에서 아주 짧은 시간 고고학을 배운 뒤 이집트로 떠난다. 고고학자로서 제대로 된 교육은 별로 받지 못했지만, 미술에 재능이 있었던 그는 이집트 왕묘 벽화를 수채화로 옮기는 작업을 하는 등 일개 연구원으로서 발굴 현장의 업무를 거들었다.

그랬던 그는 투탕카멘의 무덤을 발견함으로써 일약 고고학계의 스타가 된다. 카터는 이미 수많은 도굴로 만신창이가 된 '왕가의 계곡'에서 마지막까지 알려지지 않은 투탕카멘 무덤의 발견에 인생을 걸고 10년이 넘도록 모험을 했다. '왕가의 계곡' 발굴을 다년간 했던 데이비드라는 미국인마저 더 이상 남은 무덤은 없다고 결론을 내린 상태였다. 하지만 카터에게는 아직 발굴되지 않은 무덤이 존재한다는 단서가 있었다. 투탕카멘의 제사를 지낸 뒤 먹고 남은 제사 음식 쓰레기를 묻었던 구덩이가 '왕가의 계곡'에서 발

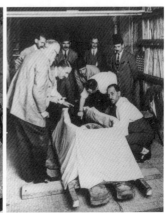

| 하워드 카터가 투탕카멘 무덤을 발굴하는 모습.

견되었기 때문이다. 결국 그는 오랜 기다림 끝에 1922년 마지막 발굴 시즌에 투탕카멘의 무덤을 찾아낸다.

투탕카멘의 무덤을 찾기가 어려웠던 이유는 다른 무덤을 지었던 사람들이 사용하던 오두막이 입구를 가로막고 있었기 때문이다. 덕분에 투탕카멘의 무덤은 도굴꾼들의 손길이 쉽게 닿을 수 없었다. 일부 유물을 도굴당하긴 했지만 그 규모가 크지는 않았다. 이후 하워드 카터는 서두르지 않고 투탕카멘의 무덤을 수년간 차근차근 발굴해나갔다. 투탕카멘의 무덤은 발견된 지 7년이 지나서야 발굴 작업이 마무리되었다. 세상을 뒤흔드는 발굴을 앞에 두고 그는 들뜨기보다 지나칠 정도로 완벽하고 고집스럽게 절차를 밟아나가면서 발굴 작업을 이끌어갔다. 덕분에 투탕카멘 무덤에서 발견된 유물들은 오늘날까지 훼손 없이 고스란히 전해질 수 있었다.

하워드 카터가 1922년 11월 6일, 도굴되지 않은 투탕카멘 무덤의 봉인을 발견하자마자 가장 먼저 연락했던 사람은 카나본 경이었다. 카터의 전보를 받은 카나본 경은 딸을 데리고 11월 18일 발굴 현장에 도착한다. 이윽고 11월 26일에는 밀봉된 대기실(보물의 방)을 함께 열었다. 이후 3개월 동안 무덤 속 부장품들을 세심하게 꺼냈다. 발굴의 하이라이트였던 왕의 관에 도착한 것은 1923년 2월 17일의 일이었다. 왕의 관에서는 투탕카멘의 무덤을 대표하는 유물인 황금관과 황금 마스크가 발견된다. 투탕카멘 무덤 발굴의 가장 큰 수확이었다.

하지만 기쁨도 잠시, 왕의 관에 이른 지 6주 뒤인 4월 5일에 카나본 경은 급작스러운 죽음을 맞이한다. 죽음의 원인도 너무 허망했다. 카나본 경은 숙소였던 카이로의 호텔에서 모기에 물렸는데, 이때 생긴 상처로 인해 패혈증에 이르러 사망한다. 고고학계를 뒤흔든 발견을 뒤로하고 이 발굴에 거대한 자본을 투입했던 이가 갑작스럽게 죽어버렸으니 '투탕카멘 미라의 저주'라는 소문이 돌 법도 했다.

카나본 경의 사인은 모기?

사실 카나본 경의 사망은 당시 발굴 현장의 상황을 고려했을

투탕카멘의 보물의 방을 재현한 전시.

투탕카멘의 황금관을 재현한 전시.

때 충분히 발생할 수 있는 일이다. 더운 야외 현장은 모기떼가 들끓기 마련이다. 특히 뺨 같이 피부가 약한 곳을 잘못 물리면 자신도 모르는 사이 정신없이 긁다가 상처가 나기도 한다.

나도 비슷한 경험이 있다. 예전에 시베리아 발굴 현장에서 모기에 뺨을 물린 적이 있다. 안 그럴 것 같지만 시베리아도 모기가 극성이다. 얼마나 모기떼가 득시글거리는지 마치 벌떼가 가득한 양봉장 같을 정도다. 아무래도 뺨은 손이 직접 닿기 쉬운 곳이다 보니 간지러울 때마다 긁어댄 탓에 모기 물린 부분에 작은 상처가 났다. 그 상태에서 지저분한 발굴 현장을 오고 가고 심지어 인근 강에서 수영도 했다. 상처가 빨리 아물지 않아도 대수롭지 않게 여기고 방치해두었는데 며칠 뒤 사달이 났다. 모기 물린 부위가 그냥 두면 큰일 나겠다 싶을 정도로 땡땡 붓고 만 것이다. 아무래도 안 되겠어서 병원에 갔더니 의사가 깜짝 놀라며 상처를 급히 치료해주고 열흘간 입원을 해야 한다고 했다. '뭐, 입원까지……'라고 속으로 생각하고 있었는데, 그다음 이어진 의사의 말이 충격적이었다. "조금만 더 방치하셨으면 머리로 올라가는 신경까지 감염되어서 큰일 날 뻔했어요." 감염 초기에 곧바로 항생제를 먹었으면 될 일이었는데, 호미로 막을 일을 가래로 막은 셈이었다.

내 경험처럼 의학이 발달한 현대에도 작은 상처가 큰 위험으로 번질 수 있다. 카나본 경이 살았던 당시는 제대로 된 항생제도 없었던 시절이었다. 게다가 그때의 발굴 현장도 위생적이지는 않았으리라. 또한, 카나본 경의 체력이 그다지 좋지 않았다는 사실도

투탕카멘 미라의 저주
루머의 발단이 된 카나
본 경의 면도칼.

감안해야 한다. 앞서도 언급했지만 그는 젊었을 적 말과 자동차를
타다가 큰 사고를 당한 사람이었다. 즉, 모기에 물려서 생긴 작은
상처로 인해 충분히 사망할 수 있는 상황이었다.

'투탕카멘 미라의 저주' 설이 돌게 된 것은 카나본 경의 죽음
때문만은 아니다. 이외에도 무덤 발굴과 관련된 사람들이 많이 죽
었던 탓에 그런 소문이 퍼지게 되었다. 하지만 시선을 달리해보
자. 수백 명이 넘는 사람들이 발굴에 참여했으니 그중 후일 사고
나 질병으로 죽는 이가 나올 확률은 높을 수밖에 없다. 만일 '투탕
카멘 미라의 저주'가 사실이라면 가장 먼저 죽음을 맞이해야 할
사람은 발굴을 주도했던 하워드 카터였을 텐데, 그는 예순이 넘는
나이까지 장수했다.

진짜 저주는 북극권에 있다

그렇다면 정말 고고학 유물의 저주는 없는 것일까? 있다고도 말할 수 있다. 가령, 고대의 유물에 남아 있는 (지금은 사라진) 세균이 고고학자를 비롯해 발굴 과정에 참여한 사람들을 공격할 수도 있다. 특히 극지방에서라면 충분히 실현 가능한 일이다. 북극권의 영구동결대에는 과거 탄저병이나 페스트 등의 전염병으로 죽은 사람들이니 극지방을 탐험하다 죽은 사람들의 시신이 전혀 손상되지 않은 채 얕은 땅속에 묻혀 있다. 극지방의 경우 땅을 조금만 파내려가도 얼음이 나오기 때문에 무덤을 깊게 팔 수 없다. 따라서 시신 위에 흙을 살짝 덮고 돌을 덮는 정도로 매장을 한다. 워낙 추운 지방이다 보니 그렇게 묻은 시신이라도 그대로 보존이 가능하다. 이런 무덤들을 발굴하다 보면 자칫 고대의 세균에 노출될 수도 있다.

뿐만 아니라 고고학이라는 학문 자체가 현장 발굴 작업을 꼭 필요로 하다 보니 각종 인명 사고가 발생하기 십상이다. 현장 발굴은 꽤나 위험한 작업이다. 땅을 파고, 동굴 같이 어둡고 깊숙한 공간에 들어가는 일이 다반사다. 한국에서도 발굴 현장을 항공 촬영하다가 추락사하거나 나무 위에서 떨어져 낙상으로 목숨을 잃은 분들이 계시다. 얼마 전에도 발굴 중이던 구덩이가 무너져서 인부 두 분이 생을 달리하시는 일을 목격했다. 이런 상황을 헤아려볼 때 '투탕카멘 미라의 저주'는 초자연적인 신비가 아니라 고고학이라는 학문이 가진 현장성에서 비롯된 결과라고 봐야 더욱 적절하다.

'미라의 저주'라는 말이 나오게 된 진짜 이유

'투탕카멘 미라의 저주'라는 설이 돌게 된 데는 당대의 역사적 맥락도 작용했다고 여겨진다. 당시 영국과 프랑스는 이집트를 사이에 두고 100년 넘게 경쟁을 하던 사이였다. 때로는 전쟁을 불사할 정도였다. 그 기원은 18세기로 거슬러 올라간다. 1798년 프랑스 나폴레옹의 부대가 이집트로 출병하면서 170여 명에 이르는 학자들을 데리고 가 이집트 유물을 대거 수집했다. 하지만 1801년 프랑스는 이집트 앞바다에서 영국 넬슨 제독과 애버크롬비 제독에게 패배하고 그동안 이집트에서 수집한 모든 유물을 영국에 건네줄 수밖에 없었다. 이때 빼앗긴 유물 중에는 로제타석도 있었다. 로제타석은 1799년 나폴레옹의 이집트 원정군이 나일강 어귀의 로제타 마을에서 발견한 비석인데 기원전 196년 고대 이집트의 왕 프톨레마이오스 5세를 위해 세운 송덕비의 일부였다. 검은 현무암에는 이집트어를 적은 신성 문자와 속용 문자, 그리스어를 적은 그리스 문자가 새겨져 있어 이집트 문자 해독의 열쇠가 되는 비석으로 세계사적으로도 그 가치가 큰 유물이다. 로제타석은 아직도 영국에 있다(대영박물관에서 소장 중이다).

뉴욕 메트로폴리탄 박물관의 이집트 미라 전시. 이집트 유물을 둘러싼 서구 열강들 사이의 경쟁 결과를 보여준다.

투탕카멘의 두상(뉴욕 메트로폴리탄 박물관 소장).

두 나라가 각축을 벌인 끝에 1882년 영국이 이집트를 식민지로 삼게 된다. 그러나 40년간의 식민지 시절을 뒤로하고 1922년 이집트는 영국으로부터 독립한다. 카터가 '왕가의 계곡'을 발굴하던 때는 바로 이 무렵으로 영국, 프랑스, 신생국 이집트 사이의 경쟁이 극에 달하던 시점이었다.

와중에 카나본 경은 투탕카멘 무덤의 발굴 소식 보도 권한을 영국 〈타임〉에만 내주었다. 세계적인 뉴스를 한 매체가 독점 보도하게 된 것이다. 영국 〈타임〉을 제외한 다른 나라 다른 언론매체들은 〈타임〉의 특종 보도 독점을 배 아파할 수밖에 없었다. 이후 '미라의 저주가 있다', '수많은 사람들이 발굴로 인해 피해를 본다' 등과 같은 흠집 내기식 기사 내지 '아니면 말고' 식의 보도가 줄을 잇는다. 즉, '투탕카멘 미라의 저주'는 근대 이후 이집트를 두고 쟁탈전을 벌이던 서구 열강 '그들만의 리그' 안에서 벌어진 해프닝이자, 독자의 관심을 끌기 위하여 흥미 본위의 저속하고 선정적인 기사를 주로 보도했던 옐로저널리즘의 결과라고도 할 수 있다.

'투탕카멘 미라의 저주'가 가져온 나비효과

카나본 경의 때 이른 죽음은 그 자신에게는 큰 비극이었으나 투탕카멘 무덤에서 발굴된 유물과 이집트에는 축복에 가까웠다.

우리는 '투탕카멘 무덤 발굴' 하면 하워드 카터의 공이라고 기억한다. 하지만 이 모든 과정에 자본을 댄 스폰서는 카나본 경이었다. 따라서 발굴된 유물에 대한 권리도 모두 카나본 경에게 있었다. 그는 10년이 넘는 기간 동안 투탕카멘 무덤 발굴에 전 재산을 투자했는데 거의 파산 직전까지 갈 만큼 자신의 모든 것을 바쳤다. 마치 하인리히 슐리만이 고고학자를 고용해서 트로이 유적을 발굴했지만 모든 명성을 가져간 것처럼 말이다. 그런데 유물에 대한 모든 소유권을 지닌 인물이 갑작스럽게 세상을 떠난 것이다. 물론, 상속자가 있기는 했다. 하지만 카나본 경의 딸 에블린은 당시 너무 어리기도 했고, 고고학을 직접 전공하기보다는 카터의 실력을 믿고 전적으로 그에게 일을 맡겼다. 숨은 조력자인 에블린은 1999년에 세계적으로 인기를 얻은 영화 〈미이라〉에서 당찬 여주인공인 에블린 카나한이라는 캐릭터로 오마주된다.

결국 투탕카멘 무덤 발굴과 관련된 일의 후속 처리는 하워드 카터가 맡아야 했다. 그는 분명 투탕카멘 무덤 발굴에 커다란 지분이 있는 사람임에는 틀림없었다. 하지만 카터가 공식적으로 그에게 유물에 대한 권한을 넘기겠다는 유언을 남긴 것도 아니었고, 카터의 애매한 신분도 문제가 되었다. 앞서도 언급했지만 그는 고고학자로서 정규교육을 받은 사람도 아니었다. 다만 이집트 현지에서 발굴을 담당하던 숙련된 기술자에 가까운 사람이었다. 또한, 개인적인 성정도 고집이 센 편이었기에 발굴된 유물을 둘러싸고 벌어지는 여러 충돌을 해결하기에는 역부족이었다.

경매에 나온 투탕카멘의 두상.

때마침 영국의 경쟁국인 프랑스의 피에르 라카(Pierre Lacau, 1873~1963)가 1922년 이집트 고대문물국(문화재위원회 같은 부서)의 대표를 맡으면서 카터의 유물 반출을 강력히 경계했다. 이집트 정부 역시 근대에 들어 서구 열강들의 침탈이 이어지는 가운데 수많은 문화유산을 약탈당했던 역사를 떠올리며 투탕카멘 무덤에서 발굴된 유물의 국외 반출을 강력히 막았다. 결국 이집트 정부는 카나본 경 유족에게 발굴에 들어간 비용 3민 6,000파운드를 보상해주는 조건을 제시하고, 이를 유족들이 받아들이면서 유물에 대한 권리는 이집트 정부로 넘어간다. 카나본 경이 약속했던 독점 보도 권한도 1925년 1월 종료됨으로써 투탕카멘 무덤 발굴에 대한 모든 소식을 전 세계 사람들이 알 수 있게 되었다. 이러한 결과를 생각한다면 '투탕카멘 미라의 저주'가 아니라 '투탕카멘 미라의 축복'이라고 해야 맞지 않을까?

꽁꽁 감춰진
얼굴 뒤에 숨은
세계사

코로나 팬데믹 시기를 거치는 동안 마스크(mask)는 우리 삶에서 떼어놓을 수 없는 물건이 되었다. 하지만 원래 마스크는 의료용이 아니라 신을 상징하는 도구였다. 마스크는 여러 의미가 있지만 대개 얼굴을 가려주는 복면이나 다른 모습이 그려진 가면을 가리킨다. 배트맨이나 쾌걸 조로가 쓰고 다니는 가면도 마스크이고, 우리나라의 각시탈이나 하회탈 같은 전통 탈도 마스크에 해당한다. 가면을 쓰는 순간 우리는 다른 자아를 연기하게 된다. 자신의 얼굴을 가리고 마스크를 쓰는 순간, 다른 사람의 삶에 올라타는 '탑승권'을 끊은 셈이다. 그렇다면 인류는 언제부터 마스크를 만들어 썼을까? 또 어떤 이유에서 마스크가 만들어지게 되었을까?

샤먼의 필수품이자 죽은 이를 추모하던 도구

고대에 마스크는 샤먼의 전유물이었다. 샤먼은 하늘의 뜻을 인간에게 전해주는 대리인이었다. 이들은 인간으로서 자신의 본래 모습을 벗어나 신과 맞닿는 의식을 수행하기 위해 여러 가지 도구를 활용했다. 가면을 착용하는 것도 그중 하나였다. 가령, 구석기시대 샤먼은 동물의 모습을 한 가면을 쓰고 의식을 치렀던 것으로 짐작된다. 프랑스 레 트루아 프레르(Les Trois-Frères) 동굴에서는 1만 5,000여 년 전에 그려진 것으로 추정되는 벽화가 발견되었는데, 거기에는 사슴탈을 쓴 샤먼(또는 마법사)이 그려져 있었다.

유물 발굴 작업을 하다 보면 마스크가 꽤 많이 발견된다. 많은 나라에서 죽은 이를 매장할 때 그냥 묻지 않고 얼굴을 복면 같은 것으로 감싸는 장례 풍습을 갖고 있다. 복면 겉에는 세상을 떠난 사람의 살아생전 건강했던 모습을 그려 넣는다. 이는 그가 저승에서 건강하게 살아가기를 바라는 마음을 담은 행위일 것이다. 하지만 별도의 방부 처리를 하지 않은 이상, 면포 같은 직물은 썩어서 없어지는 것이 자연의 순리다. 물론, 예외적인 사례도 있다. 실크로드 지역처럼 건조한 사막지대가 대표적이다.

실크로드 타클라마칸사막 남부 잉판(營盤) 지역에 있는 약 2,000년 전의 무덤에서 미라 한 구가 발견되었다. 이 미라는 화려한 비단옷과 황금 장식을 두르고 있었으며, 얼굴은 마스크로 감싸여 있었다. 고고학자들이 판정한 결과, 이 미라의 주인공은 귀족

프랑스 레 트루아 프레르 동굴벽화에 그려진
사슴탈을 쓴 샤먼(또는 마법사).

티베트의 고대 문명 국가인 상웅국의 샤먼 무덤에서 발굴된 황금 마
스크. 머리 부분에 우리에게 익숙한 사슴 장식이 보인다.

| '잉판의 미남'이라 불렸던 2,000년 전 실크로드의 미라와 마스크.

신분으로 스물다섯 살 정도에 사망한 것으로 추정되었다. 미라를 비롯해 유물 사진이 공개되자 중국 네티즌들은 이 미라에 '잉판의 미남'이라는 별명을 붙여주며 환호했다. 마스크의 표정이 굉장히 따뜻하고 부드러웠기 때문이다.

실크로드에서는 황금 마스크가 제법 많이 발굴된다. 1997년에는 약 1,500년 전 훈족(서쪽으로 이동한 흉노 일파를 가리키는 이름)이 남긴 황금 마스크가 중국 신장 지역에서 발견되었다. 이목구비 주위를 보석으로 둘러서 치장하고 눈에는 석류석을 화려하게 박아 넣은 것이 인상적인 황금 마스크다.

장례식장에 놓이는 영정 사진은 보통 살아생전 고인의 모습 중에서 단정하거나 행복해 보이는 모습을 찍은 사진이 선택되어 놓인다. 마스크는 오늘날 영정 사진의 역할을 했다. 옛사람들은 죽은 이에게 마스크를 씌워주며 그의 인생에서 가장 아름다웠을 시절을 떠올리고 추모했을 것이다.

| 중국 신장성 무덤에서 발견된 황금 마스크.

세계를 놀라게 한 황금 마스크

1986년 중국 쓰촨성 광한시에서는 세계 고고학계를 깜짝 놀라게 한 유물들이 발견된다. 바로 다량의 청동 인물상이 출토된 것이다. 쓰촨성은 우리가 흔히 '사천'이라고 부르는 지역으로 험난한 분지 지형으로 인해 중원과는 다른 독자적인 문명을 이루었던 곳이다. 특히 1980년대에 본격적으로 발굴 조사가 시작된 싼싱두이 유적은 청동기시대 주요 문화권으로 이곳에서는 약 3,500년 전부터 제단을 만들어 제사를 지낸 흔적이 발견되었다. 현재 싼싱두이 유적은 중국에서 매우 중요한 유적지에만 부여되는 '국가사

싼싱두이 유적에서 멀지 않은 청두에서 발굴된 황금 마스크. 동아시아에서 그 연대가 가장 이르다.

적지'로 등록되었고, 유네스코가 선정하는 세계문화유산 잠정 목록(정식 목록이 되기 전, 후보에 해당하는 자격)에도 포함되었다.

사실 싼싱두이 유적은 1930년대에 이 지역에서 활동했던 미국 목사 데이비드 그레이엄에 의해 가장 먼저 발견되었다. 하지만 그때는 이 유적이 고고학적으로 큰 의미가 있는 장소인지 아는 사람이 없었다. 싼싱두이 유적의 진면목은 그로부터 한참이 지난 1986년이 되어서야 밝혀졌다. 싼싱두이 유적은 제사를 지내고 난 뒤 제사에 썼던 여러 용품과 제물을 한데 모아서 버린 구덩이인데, 이곳에서 실제 사람 크기의 거대한 인물상을 비롯해 다양한 모습의 청동 인물상이 출토된 것이다. 이 청동 인물상들은 마치 영화

〈아바타〉에 나오는 나비족 같은 모습이었다.

이후 싼싱두이 유적에서 멀지 않은 청두에 위치한 진샤 유적에서 3,000년 전에 만들어진 것으로 추정되는 황금 마스크가 발견된다. 이 황금 마스크는 동아시아에서 발견된 황금 마스크 중 가장 오래된 것으로 커다란 눈매와 뾰족한 코, 두꺼운 눈썹, 각진 얼굴 등이 인상적이다. 이러한 특징으로 볼 때 이 황금 마스크는 싼싱두이 유적에서 발견된 청동 인물상들과 관련이 있는 것으로 추정된다. 청두에서 발건된 황금 마스크의 외양 중 가장 눈에 띄는 부분은 크게 치켜뜬 두 눈이다. 이는 지혜의 상징인 '천리안(all seeing eye)'을 의미한다. 아마도 이 지역 사람들은 자신들의 신이 천리안을 가졌다고 믿었던 것으로 보인다.

만주에서 기원한 방역 마스크

주술적 의미가 컸던 마스크는 120여 년 전부터 인간을 살리는 의료용 도구로 용도가 바뀌었다. 근대의 세균학이 발달하기 이전에도 인류는 다른 사람의 타액이나 공기 중 호흡을 통해 병이 옮을 수도 있다고 생각했다. 물론 세균의 존재를 알지 못했으므로 '나쁜 기운' 또는 '악마의 숨결'과 접촉하게 되어 악마의 기운이 몸으로 들어온다고 믿었다.

오늘날과 같은 의료용 마스크 형태를 지닌 마스크가 처음 등장한 것은 17세기 유럽에서 페스트가 한창일 때였다. 당시 프랑스 의사가 펭귄처럼 생긴 마스크를 개발했다. 이 마스크에는 마늘과 새 부리를 달았는데, 모두 악령을 퇴치한다고 여겨지는 것들이었 다. 주술적인 의미가 깃든 마스크였지만 결과적으로 이 마스크가 페스트를 물리치는 데 어느 정도 기여한 것은 사실이다.

본격적으로 방역용 마스크가 도입된 것은 20세기 초 만주에서 다. 1910년 무렵, 만주에서는 페스트가 널리 유행했다. 만주 일대 에서 설치류를 사냥해 모피를 벗기던 사람들 사이에서 페스트가 번지기 시작했는데, 당시 러시아가 만주 지역을 지배하기 위해 철 도를 건설했고 철도 동선을 따라 하얼빈으로까지 페스트가 퍼진 다. 당시 추산으로 약 10만여 명이 사망했을 정도로 상황이 심각 했다. 페스트의 전파를 막은 것은 화교 출신 의사 우렌더(伍连德) 였다. 그는 사람들에게 마스크를 꼭 쓸 것을 종용했다. 이후 마스 크의 효능은 제1차 세계대전 직후에 발생한 스페인 독감 유행 때 도 증명되었다.

이제 죽은 사람을 위로하는 마스크 대신에 산 사람을 살리는 '마스크의 시대'가 시작되었다. 마스크는 그 형태가 단순한 것 같 지만 수백만, 수천만 명의 희생으로 검증된 의료 도구다. 아마 수 천 년 뒤의 고고학자들은 만주와 한반도 일대에서 시작된 인류의 발명품 목록에 의료용 마스크도 함께 올릴지도 모르겠다.

코로나 팬데믹에서 엔데믹으로 넘어갔지만 여전히 거리에는 마스크를 쓴 사람들이 꽤 있는 편이다. 2022년 6월 한 기업에서

설문 조사한 내용에 따르면 실외 마스크 의무가 해제되었어도 여전히 마스크를 쓰겠다고 답한 사람들이 약 72퍼센트나 되었다. 추가 감염 우려 때문일 수도 있겠지만, 3년여 동안 민낯을 가리고 다니던 것에 익숙해졌기 때문은 아닐까 싶기도 하다. 오늘날에는 SNS에 올리는 사진들이 또 다른 형태의 마스크처럼 여겨지기도 한다. 나의 진짜 모습은 가리고 보여주고 싶은 모습만 보여준다는 의미에서 그렇다. 시대가 흐름에 따라 마스크의 형태와 그 의미는 차츰 변화해왔다. 하지만 진짜 모습을 가린다는 본질적인 의미는 변함이 없는 것 같다. 앞으로 인류는 또 어떠한 마스크를 쓰게 될까?

문신

고통과 바꾼
영원한 아름다움

한때는 조직폭력배의 상징으로 오해받기도 했지만 요즘에는 개성과 멋을 표현하는 방법으로 여겨지는 문신은 그 역사가 오래된 치장술이다. 우리나라의 경우 중국 역사서에 약 2,000여 년 전 삼한 사람들이 문신을 했다는 기록이 있다. 1991년 알프스 빙하 지대에서 발견된 5,000여 년 전의 것으로 추정되는 얼음 미라인 '외찌(Ötzi)'도 신체에 바코드를 연상시키는 독특한 기호들이 뒤덮여 있었다. 문신은 화려한 의복과 장신구와 더불어 인류가 고안해 낸 가장 오래된 패션이다. 옛사람들은 어떤 방식으로 몸에 무늬를 새겨 넣었을까? 문신할 때의 아픔은 어떻게 참아냈을까?

몸에 새긴 바코드

진화론으로 유명한 영국 생물학자 찰스 다윈(Charles Darwin,

남부 시베리아 타시틱 문화의 데스마스크. 문신이 적
나라하게 표현되어 있다(출처: 바데츠카야 교수의 저서).

1809~1882)이 "이 세상에 문신이 없는 민족은 없다"라고 선언했을 정도로 문신은 세계 보편적인 문화다. 죽은 사람의 피부는 별다른 보존 조치를 하지 않는 이상 썩어버리기 때문에 문신이 정확히 언제부터 시작되었는지는 알 수 없다. 다만, 고고학 자료를 통해 그 시기를 추정할 수는 있다.

동아시아의 경우, 1만여 년 전에 만들어진 것으로 짐작되는 아무르 강 중류의 사카치-알리안 암각화에서 문신을 한 인년상이 많이 발견되었다. 이 암각화에 그려진 것과 비슷한 문신을 오늘날의 아메리카 원주민이나 아이누족들에게서도 찾아볼 수 있다. 또한, 구석기시대 유물 중에는 바늘귀가 없는 바늘들이 종종 발견되는데, 형태로 보았을 때 색소를 묻힌 뒤 피부를 찌르는 문신 도구로 사용했을 것으로 추정된다.

그렇다면 오래전 사람들은 어떻게 문신 방법을 알아냈을까? 시작은 몸에 난 흉터였다. 어딘가에 긁히거나 베인 뒤 치료를 하고 어느 정도 시간이 지나면 씻은 듯 낫는 경우도 있지만 보통은 피부에 흔적이 남는다. 옛날 사람들은 몸에 상처가 깊게 나면 약초를 문지르거나 살균 성분이 있는 숯 검댕을 문질렀다. 이후 회복되는 과정에서 약초나 숯의 색소가 침착되기도 했을 것이다. 그렇게 침착된 흔적에서 착안해 인류는 몸에 인위적으로 무늬를 새기는 방법을 터득했을 것으로 추정한다. 최근까지도 문신 안료로 먹이 사용되었는데, 먹의 주재료 중 하나는 나무를 태우고 남은 그을음이다.

신분을 알려주는 증명서

문신은 한번 새기면 평생토록 지우기 어렵다. 물론, 요즘에는 기술이 발달해서 문신을 지울 수 있기는 하지만, 그 과정이 쉽지 않다고 알고 있다. 그래서 오래전에 문신은 자신이 속한 부족이나 신분을 표현하는 방법으로 쓰였다. 특히 왕이나 샤먼들은 문신을 통해 자신의 높은 신분을 드러냈다. 키르기스스탄 샴시에서는 5~6세기경에 만들어진 것으로 추정되는, 여성 사제가 쓰던 황금 마스크가 출토되었는데, 이 마스크에는 신라 금관에서 볼 수 있는 나무 무늬가 뺨에 그려져 있었다. 짐작건대 이 여성은 살아생전 왕관 대신에 왕관 모양의 문신을 했을 것이다. 또한, 2,000년 전의 것으로 추정되는 남부 시베리아인의 데스마스크(사람이 죽은 직후에 그 얼굴을 본떠서 만든 안면상)에도 화려한 문신이 새겨져 있었다. 오늘날에는 얼굴 문신의 전통이 남미 대륙이나 태평양 섬들에 사는 소수민족들 사이에서만 전해지는데, 여러 유물을 통해 오래전 고대 유라시아 전역까지 얼굴 문신 문화가 널리 퍼져 있었음을 알 수 있다.

문신은 유목 전사들의 계급장 역할도 했다. 앞에서도 언급했지만, 러시아 알타이 지역의 파지리크 유적에서는 2,500년 전의 미라가 여러 구 발견되었다. 유목 전사로 추정되는 미라의 어깨와 허벅지에는 하늘을 나는 사슴 무늬가 생생하게 새겨져 있었다. 특이하게도 고분의 크기가 클수록 그곳에서 발견된 미라의 몸에 새

| 파지리크 유적에서 발굴된 남성의 미라. 몸이 문신으로 덮여 있다.

겨진 문신의 개수도 많았다. 공을 세우고 계급이 올라갈 때마다 문신이 늘어난 것으로 짐작된다. 왕족으로 추정되는 미라는 상반신은 물론이고 하반신 곳곳에도 빽빽하게 문신이 새겨져 있었다. 계급장과도 같은 그 문신들은 잊어서는 안 되는 기억과 그들 사이에 전해 내려오는 신화 등을 반영한 이미지들로 구성되었다.

몽골 초원 일대에는 '사슴돌'이라고 불리는 독특한 거석 기념물이 있다. 2~3미터 높이의 선돌로 겉이 하늘을 나는 듯한 모습의 사슴으로 빽빽하게 채워져서 그러한 이름이 붙었다. 하지만 왜 굳이 사슴 모양이어야 했는지는 알 수 없었다. 그런데 파지리크 유적에서 사슴 무늬 문신이 새겨진 미라가 발견되면서 사슴돌의 사슴이 가지는 의미가 명확히 밝혀졌다. 사슴 무늬 문신은 전장에서 죽은 전사의 자랑스러운 계급장이었던 셈이다.

고대인들의 문신은 대체로 주술적이고 신령한 의미를 담고 있었기 때문에 문신에 쓰이는 재료도 귀한 것을 택해 사용했다. 가령, 파지리크 유적에서 발견된 미라의 문신에 남겨진 색소를 분석한 결과, 솥에서 떼어낸 숯 검댕임이 밝혀졌다. 제의에 사용될 고기죽을 끓이던 청동 솥의 겉에 붙은 숯 검댕을 문신에 사용한 것이다. 기원전 6세기에 창시된 조로아스터교에서는 재에서 부활하는 불새나 불을 신성시했는데, 같은 맥락에서 불타고 남은 재(숯 검댕)는 힘과 부활을 상징했을 것이다.

고통을 이겨낸 아름다움

문신 과정은 침술과도 비슷해 치료 역할을 했을 가능성도 있다. 파지리크 유적에서 발굴된 미라의 허리 아래 부분에는 마치 침을 놓은 듯 일렬로 점을 찍은 문신이 양쪽으로 남아 있다. 이 부위는 공교롭게도 오래 말을 탈 경우 가장 통증이 심한 요추 부분이다. 기마민족에게 요통은 피할 수 없는 고질병이었을 터, 바늘로 아픈 부위를 찔러 허리 통증도 줄이고 신령한 힘을 몸에 불어넣는다고 생각했을 것이다.

문신을 완성하려면 바늘로 수백 번, 수천 번 몸이 찔리는 고통스러운 과정을 거쳐야 한다. 고통을 동반한 채 우리 몸을 도화지 삼아 새겨 넣은 문신은 고대의 정신문화가 담긴 메모리와 같다. 하지만 근대 이후에 문신은 특유의 주술적, 제의적 의미는 사라지고 그 의미가 바뀌게 된다. 사람들이 몸의 털을 밀고 문신으로 표식을 새겨 넣는 대신 신분과 계급에 맞는 옷과 화장으로 자신의 몸을 가꾸기 시작했기 때문이다. 와중에 문신은 근대화하지 못한 야만의 상징으로 전락했다. 또한, 사람들에게 공포감을 주는 도구로 사용되기도 했다.

하지만 고고학이 밝혀낸 바에 따르면 문신은 고통을 감내하면서도 자신의 지위와 아름다움을 표현하고자 했던 고대인들의 가장 원초적이며 인간적인 화장술이었다.

불안을 잠재워주고
미래를 꿈꾸게 하다

한 해의 시작을 앞두고 우리는 종종 신년 운세를 본다. 일이 잘 안 풀리거나 마음이 힘들 때 누군가가 '용한 집'이 있다고 말해주면 관심 없는 척하면서도 귀가 솔깃해진다. 미래에 무슨 일이 생길지 궁금해하며 점을 보는 것은 인간의 본능이었다. 구석기시대부터 인간은 하늘의 대리인인 샤먼을 통해 하늘의 뜻을 알고자 했다. 지금은 점을 치는 일이 암암리에 하는 일로 다소 그 위상이 격하되었지만, 과거에 점을 치던 이들은 신의 대리자로 여겨지면서 지배자 역할을 하기도 했다. 옛사람들은 어떤 방식으로 앞날을 점쳤을까? 점복과 관련해 오늘날 전해지는 유물들에는 무엇이 있을까?

점복과 함께 발전한 인류의 역사

오래전 샤먼은 오늘날 무당 정도로 생각하면 그 역할을 이해하기 쉽다. 무당 또는 무속인에 사용되는 한자 '무(巫)'를 파자(破字)하면 사람(人)과 사람(人) 사이의 하늘과 땅(二)을 잇는다(ㅣ)는 뜻이다. 인간은 중간자적인 존재로 인격은 있으되 하늘에 닿을 수 없는 처지였으므로 하늘의 뜻을 읽어내는 중개인이 필요했다. 그들이 바로 무인(巫人)이었다. 고대사회는 대체로 제정일치의 사회였으므로 하늘에 제의를 올리고 신과 소통하는 자가 곧 부족을 다스리는 우두머리 역할을 담당했다. 일기예보를 비롯해 미래를 예측하는 과학기술이 발달하지 않은 당시에 샤먼의 예지력은 곧 부족민들의 생명을 지키는 수단이었다. 점복은 인류가 자연재해나 전쟁처럼 생존을 위태롭게 하는 불가항력적인 위협을 최대한 막고자 했던 노력의 일환이었다.

점을 치는 방법은 무척 다양하다. 별자리와 행성의 움직임을 토대로 한 점성술, 생년월일시를 바탕으로 보는 사주, 꿈을 푸는 해몽, 나뭇가지를 뽑아 보는 산통, 관상, 타로 등 지구상에는 각 문화권마다 셀 수 없이 많은 점치는 법이 존재한다. 점복은 인류의 지성사에도 큰 영향을 미쳤다. 가령, 행성 운동의 법칙을 발견한 요하네스 케플러 등 우리가 알고 있는 서양의 유명한 천문학자들은 훌륭한 점성술사이기도 했다. 미래를 예측하기 위해 자연과 환경의 변화를 유심히 관찰한 결과는 과학의 발전으로도 이어졌던 셈이다.

사실 옛사람들이 언제부터, 어떤 방식으로 점을 쳤는지 등을 증명할 수 있는 유물이 많은 편은 아니다. 그나마 점복의 흔적으로 가장 많이 발굴되는 것은 복골이다. 복골은 짐승의 뼈로 만들어진, 점을 치는 데 쓰던 도구인데 짐승의 어깨뼈를 불로 지진 다음 거기에 새겨진 금을 보고 점괘를 보는 방법, 거북의 껍데기나 짐승의 어깨뼈에 글자를 새겨 놓고 그것으로 점괘를 보는 방법 등이 있었다. 뼈 부위 중에서도 어깨뼈(견갑골)가 선호된 이유는 가장 얇은 뼈라서 잘 갈라졌기 때문이다.

강릉에서 발견된 말뼈 복골의 비밀

복골의 풍습은 한반도에도 널리 퍼져 있었다. 다만, 상나라와 달리 글자를 새기지 않았을 뿐이다. 그 외에 점을 치는 방식이나 도구 등은 상나라의 그것과 모두 똑같다. 소나 돼지의 어깨뼈에 구멍을 일정하게 뚫어서 불 위에서 그을린 뒤 잘 갈라지게 한 복골이 약 2,000년 전의 마한과 가야 사람들이 살던 서해안과 남해안의 조개무지에서 다수 발견되기도 했다. 요즘에도 유독 어촌에 점집이 많은 편인데, 바다만큼 변화무쌍하게 변하는 자연환경이 없어서 그럴지도 모르겠다.

한국에서는 세계적으로도 그 유래를 찾을 수 없는 특이한 복골이 발견되기도 했다. 강릉 바닷가에 위치한 강문동의 늪지대에서 말뼈로 만들어진 복골이 발굴된 것이다. 말뼈로 만들어진 복골은 전 세계를 통틀어 강문동에서 발견된 복골이 유일하다. 중국 상나

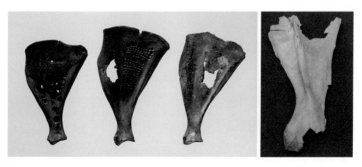

전남 해남군 군곡리 조개무지에서 출토된 2,000년 전의 복골(왼쪽)과 강원도 강릉시 강문동에서 출토된 말의 견갑골 복골(오른쪽).

라에서는 남방 바닷가에서 잡아온 귀한 거북의 등딱지를 짐승의 어깨뼈 대신 쓰기도 했지만, 말뼈는 사용한 적이 없다. 말의 사육과 이용이 가장 활발했던 초원 지역에서도 말뼈로 만들어진 복골은 거의 없다. 이들에게 말은 귀하게 돌보며 타는 동물이지 잡아먹고 남은 뼈로 점을 쳐도 되는 동물이 아니었다. 이러한 상황들을 종합해볼 때, 강문동 지역에 살았던 사람들이 복골용 뼈로 말뼈를 사용했다는 사실은 그들이 말을 탈것으로 인식하지 않고 소나 돼지 같은 가축으로 인식했다는 반증이기도 하다.

강문동 유적에서 발굴된 유물 중에는 말타기와 관련된 도구는 없으니 이들이 말을 타지 않았다는 짐작은 어느 정도 맞는 것 같다. 그렇다면 도대체 말뼈로 만든 복골은 어떻게 출토된 것일까? 유물의 존재만으로 정확한 해석이 불가능할 때, 해당 유물의 쓰임과 유래를 이해하는 데 역사 자료가 큰 도움이 된다. 사료에 따르면, 1세기 초에 함경남도와 강원도 북부 지역 일대(동해안 지역)에

2,000년 전
몽골의
흉노 무덤에서
발견된 샤가이.

동예라는 부족국가가 존재했다. 동예는 풍속과 언어가 고구려와 비슷했는데, 광개토대왕 시절 고구려에 복속된다. 그런데 동예인들 사이에서 조랑말인 '과하마(과일나무 밑으로 지나갈 수 있을 정도로 작은 말)'가 유명했다고 한다. 대관령을 비롯해 강릉 주변의 산악지대는 종마장으로 삼기에 아주 탁월한 지역이다. 즉, 강문동에서 발견된 말뼈로 만들어진 복골은 가축처럼 말을 키웠던 사람들이 제사를 지내면서 말을 잡아 점을 쳤던 증거다.

이처럼 지역에 따라 복골의 재료가 조금씩 다르다. 가령, 초원지대에서는 양뼈로 점을 쳤다. 그밖에도 목축 동물의 내장을 갈라서 그 형태를 살펴보거나 발굽을 불에 구워서 형태가 변하는 것을 보고 점을 치기도 했다. 역사 기록을 보아도 부여에서는 짐승의

| 점을 치는 바이칼 지역 부리야트족 샤먼. 점을 치는 풍습은 세계 어디에나 있다.

발굽을 가지고 점을 쳤다고 쓰여 있다. 이는 북방 초원 지대 유목 민족의 점복 풍습이 우리에게도 전해진 것이다. 지금도 몽골의 유목민들은 짐승의 내장을 갈라서 그 위치를 보거나 발굽을 보고 점을 친다.

몽골에서는 '샤가이'라고 불리는, 양의 발가락뼈로 만든 주사위로 점을 치기도 한다. 마치 우리나라의 점집에서 쌀이나 동전을 뿌리며 점을 치는 것과 같은 맥락이다. 고대 흉노의 무덤을 발굴하면 거의 빠짐없이 이 샤가이가 발견되는데, 샤가이 겉에는 특이한 부호가 새겨져 있다. 고대 흉노인들은 놀이를 하듯 이 샤가이를 던지면서 자신들의 앞날을 점쳤을 것이다.

디지털 시대에도 사라지지 않는 점복

과학기술이 발달한 오늘날에도 사람들은 여전히 점을 보러 다닌다. 삶의 많은 부분이 인간의 통제 범위 안에 들어왔다고 해도 여전히 손쓸 수 없는 운명의 장난 같은 일들이 벌어지기 때문이다. 가령, 인간관계나 생사의 문제는 기술의 발달에 의지할 수 없는 아주 불확실하고 불확정적인 문제다. 글로벌 자본주의가 확대됨에 따라 양극화와 불평등이 심해지면서 미래를 장담할 수 없게 된 것도 또 하나의 이유다. 이는 인간이 구축한 시스템의 문제다. 먼 훗날에도 점을 치는 인간의 행태는 사라지지 않을 것이다. 미래에 대한 불안한 마음은 호모사피엔스의 DNA에 새겨진 아주 강력한 본능이기 때문이다.

그런데 이 본능을 거꾸로 뒤집어 생각하면 다른 관점이 열린다. 미래를 알고 싶어 하는 불안감의 이면에는 미래에 희망을 거는 마음이 담겨 있기도 하다. 지금은 내가 불안정한 상태이지만 다가올 미래에는 괜찮을 것이라는 확신을 얻기 위해 우리는 점을 본다. 나의 미래를 미리 알아 대비하고자 하는 마음에는 다가올 시간을 잘 살아내고자 하는 바람과 욕망이 담겨 있다. 미래에 대한 기대조차 없다면 점을 볼 생각을 애초에 하지 않는다. 그러고 보면 점복은 인류가 생존을 갈구하고 더 나은 미래를 꿈꾸며 지금까지 이어질 수 있게 만든 원동력이 아니었을까? 삶은 무릇 미래에 대한 희망이 있는 곳에 존재하기 마련이니 말이다.

메신저

우리는 모두
연결되어 있다

'카톡! 카톡!' 시도 때도 없이 울리는 메신저 알림이 때로는 귀찮지만, 이제 우리는 메신저 없이 살 수 없게 되었다. 인터넷과 통신수단이 발달함에 따라 그에 맞춰 사람들이 주로 사용하는 메신저도 여러 차례 변화를 거듭해왔다. 우리나라의 경우 특정 사기업에서 제공하는 메신저 서비스가 정부의 중요한 소식을 전하는 망으로 사용될 정도로 그 지배력이 대단하다.

국가마다 선호하는 메신저 서비스가 조금씩 다른데, 종류가 무엇이건 간에 이들의 공통점은 사람과 사람을 실시간으로 연결한다는 점이다. 심지어 사람과 사람 사이뿐만 아니라 사물과 데이터가 모두 연결되고 있는 중이다. 오늘날 지구촌은 연결사회를 넘어 초연결사회가 되었다. 연결은 곧 소통을 의미한다.

한편, 인류 역사를 굽어보면 연결의 역사는 곧 정복의 역사이기도 했다. 2,300여 년 전 중국의 북방과 몽골 일대를 호령하던 유목 민족의 제국 흉노는 메신저만으로 거대한 제국을 일궈냈다.

메신저를 통해 거대한 제국을 일사불란하게 다스렸던 이들의 모습에 오늘날 스마트 사회에 적응 중인 우리를 비춰보는 것은 어떨까?

흉노, 메신저로 이어진 거대한 제국

흉노에 적대적이었던 중국은 그들의 야만성을 다음과 같이 기록했다. "그들은 글자가 없고 나무에 새겨서 표시를 하거나 끈을 꼬아서 뜻을 전한다." 이 기록처럼 흉노는 민족 고유의 문자를 갖추지는 못했으나 간결한 방식의 메시지로 제국을 통치했다. 즉, 국가 조직을 최대한 단순화해서 조직을 정비했다. 법률 역시 누구나 쉽게 이해할 수 있도록 단순화했다. 흉노의 정부 조직은 가운데에 왕을 두고 그 왼쪽과 오른쪽에 측근을 배치하는 식이었다. 마치 사람에게 두 팔이 있는 것과 같은 모습이다. 또한, 하부 조직은 마치 십진법에 근거하여 5명 내지 10명 단위로 구성했다. 이런 조직 구조는 인간의 신체적인 특징(열 손가락)과도 잘 부합되어 특별한 교육 과정 없이 구성원들이 사회 체계를 쉽게 이해할 수 있게 했다. 만일 조직의 규모가 커지면 다시 그 밑에 하부 조직을 만드는 식으로 확장해나갔기 때문에 아무리 세력이 커진다고 해도 해당 조직의 리더가 직접적으로 이끄는 사람들은 10명 내외였다.

이처럼 간결하고 엄정한 조직 구성의 원칙은 흉노가 순식간에

| 하르간 두르불진의 전경.

북방 초원 지역, 나아가서 세계를 정복하는 기반이 되었다. 신속하게 움직일 수 있는 기동력에 간결한 정보력까지 갖춘 흉노는 이후 수립된 수많은 유목국가들의 롤모델이 되었다. 흉노 이래로 북방 초원 지대에서는 늘 새로운 국가들이 발흥하며 끊임없이 역사를 바꾸는 주체로 활동했다. 중앙아시아를 평정하는 한편, 서양 정벌로 동서양에 걸친 대제국을 건설했던 칭기즈칸의 몽골제국도 본질적으로는 흉노와 비슷한 형태의 조직이었다. 이들은 빠르게 정보를 옮기고 전하는 역참을 적극적으로 활용했는데, 이는 제국의 성공 비결 중 하나였다.

　그런데 훗날 고고학자들의 발굴 및 조사에 따르면 흉노가 글자를 몰랐다는 중국의 기록은 잘못된 것임이 밝혀졌다. 실제로 흉노

하르간 두르불진에서 발견된 기와.

는 한자를 잘 알고 있었고, 이를 제국의 통치에 아주 효과적으로 이용했다. 2020년 몽골의 울란바토르대학교 발굴팀은 2,200여 년 전 흉노의 성터를 발굴했다. 여기에서 '하늘의 아들인 선우(흉노의 왕), 영원히 복을 받으라'라는 글자가 새겨진 기왓장(막새기와)이 대량으로 발견되었다. 담벼락이나 처마 끝을 둥글게 장식하는 막새기와는 본래 중국인들의 전통이다.

흉노인들이 만든 막새기와에 새겨진 글자는 모두 11자인데 중국의 막새기와에도 여러 글자를 넣는 풍습이 널리 유행했다. 하지만 중국에서는 11자를 넣은 것은 없다. 막새기와에 '선우'라는 글자가 새겨진 것을 통해 짐작할 때 이 막새기와는 흉노인들의 것임이 확실했다. '하늘의 아들인 선우'라는 구절은 흉노인들이 자신들의 왕인 선우를 부를 때 외치는 '텡그리 후 샤뉘'를 한자로 번역한 표현이다. 흉노인들은 여기에 중국인들로부터 빌려온 길상어(축복의 말)를 적절히 조합해서 흉노인의 기개를 거침없이 드러냈다.

사실 대개의 흉노인들은 한자를 널리 쓰지 않았다. 게다가 유목 생활을 하면서 사방을 떠돌아 다니던 흉노인들은 성을 축조할 필요가 거의 없었다. 따라서 막새기와가 발견된 성터는 흉노인들이 중국을 비롯해 다른 외국에서 온 사신들을 맞이하는 용도로 만든 것으로 추측된다. 외교사절단이 흉노의 영토에 들어올 때 보란 듯이 자신의 영광을 드러내는 글자를 새겨 넣어 만든 것이다.

흉노의 왕, 메신저를 통해 연애편지를 전하다

이처럼 흉노는 외교 전술에 문자를 적절히 사용했다. 흉노는 한나라와 외교를 할 때 죽간(중국에서 종이가 발명되기 전, 글자를 기록하던 대나무 조각)에 글자를 적어 뜻을 주고받았다. 이와 관련해 다소 스캔들처럼도 읽힐 수 있지만 흥미로운 이야기가 있어 풀어본다. 살아생전 흉노와 대적하고 대패했던 한고조 유방이 세상을 떠난 뒤 그의 부인이었던 여후(呂后)가 정권을 잡는다. 수많은 부인들과의 피비린내 나는 권력투쟁 끝에 얻은 자리였기에 그는 동양의 '블러디 메리'라고 불러도 과언이 아닐 정도로 그 기세가 등등했다.

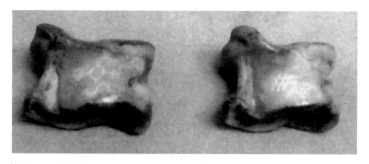

흉노 무덤에서 출토된 골제 주사위와 그 위에 새겨진 기호.

흉노의 제2대 왕(선우)이었던 묵특('묵돌' 내지 '모둔'이라고도 불린다)은 한나라의 새로운 권력자 여후를 도발하기 위해 죽간에 다음과 같은 메시지를 적어 보낸다. '듣자 하니 그대는 과부라고 하고 나도 홀몸이라 재미없고 우울하니 우리 만나서 외로움을 달랩시다.' 좋게 말하면 러브 레터이지만, 부정적으로 본다면 매우 저열해 보이는 외교적 도발이었다. 여후 입장에서는 이 목간을 들고 온 사신의 목을 치고 흉노와 전쟁을 벌이고 싶었겠지만, 당시 한나라 군대는 흉노를 당해낼 수 없는 수준이었다. 결국 여후는 분통을 억누르고 '내가 나이가 많아서 연애는 어렵고, 대신에 마차와 말을 보내니 즐겁게 노십시오'라며 묵특을 달래는 편지를 보낸다.

하지만 흉노의 계책은 거기에서 그치지 않는다. 묵특 다음으로 흉노의 선우 자리에 오른 노상은 한나라에 그 길이가 1척 2촌(약 27센티미터)에 달하는 죽간을 보낸다. 당시 중국에서 황제의 메시지를 담은 죽간의 길이는 1척 1촌이었다. 흉노는 얄밉게도 중국 황제가 쓰는 것보다 약 3.3센티미터가 긴 1척 2촌의 죽간에 메시지를 써서 보낸 것이다. 이는 흉노가 중국보다 우위에 있다는 의미를 우회적으로 전한 것이었다. 이처럼 흉노인들은 중국인들의 생각과는 달리 글자를 몰라서 안 쓴 것이 아니라 자신들의 효율적인 국가 통치를 위해서 쓰지 않았을 뿐, 필요한 때에는 적절히 활용할 줄 알았다.

범람하는 정보의 홍수 속에서
우리에게 꼭 필요한 능력

종이 매체의 힘이 점차 사라지고 대부분의 소통이 온라인 메신저로 이루어지는 요즘, 소통의 방식으로만 본다면 전령을 통해 구두로 명령을 전했던 유목 민족의 시대와 크게 다르지 않은 것 같다. 물론, 공유되는 정보의 양으로 본다면 그때와 지금은 천양지차다. '정보의 홍수'라는 말이 그저 비유적인 표현이 아닐 정도로 우리는 범람하는 정보 속에서 헤엄치는 중이다. 〈뉴욕타임스〉의 보도에 따르면, 오늘날 일반인이 하루에 소비하는 정보는 자그마치 34기가바이트에 달한다고 한다. 한 사람이 하루에 소비하는 콘텐츠의 양이 신문 174부 분량에 해당한다는 연구도 있다.

이럴 때일수록 중요한 능력은 많은 양의 정보를 입수하는 능력보다 그 안에서 유의미한 정보를 찾아낼 줄 아는 문해력이다. 디지털 정보의 핵심은 양이 아니라 질이다. 맥락과 상황을 이해해 나에게 유효한 정보를 찾아 연결하며 읽는 역량을 키우는 것이 그 어느 때보다 필요하다. 나는 이러한 지혜를 북방 초원을 호령했던 흉노인에게서 발견한다. 단순히 글자를 아는 데서 그치지 않고 적재적소에 메시지를 활용할 줄 알았던 이들의 지혜가 곧 오늘날 우리가 추구해야 하는 정보 활용력이 아닐까?

새로운 과거를 찾아가는 고고학

고고학자로 살면서 가장 행복한 시간은 새로운 유물과 유적을 만날 때입니다. 제가 고고학에 빠지게 된 것은 초등학교 4학년 때였습니다. 흑백의 우중충한 교과서들 속에서 총천연색의 화려한 지도들이 실린 사회과부도에 시선이 꽂혔죠. 사회과부도 속 수많은 미지의 땅과 역사를 꿈꾸면서 고고학에 입문했고, 결국 평생의 직업이 되었습니다. 그리고 반백이 넘은 지금도 여전히 저는 새로운 유물과 유적들을 만나기를 꿈꿉니다. 또 얼마나 많은 새로운 유물이 발견될까 기대감을 품고서요. 개인적으로는 새로운 기원을 찾아가는 고고학이야말로 가장 미래지향적인 학문이라고 생각합니다. 이런 제 생각에 공감하지 못하는 분들이 많으시겠죠? 하지만 저는 이렇게 생각합니다. 과거를 발굴하면서 수많은 유물을 발견해나가면 기존의 역사를 새롭게 쓸 수밖에 없다고요. 그걸 해내는 학문이 바로 고고학입니다.

흔히 우리는 역사를 공부하면 미래를 알 수 있다고 합니다. 고고학도 마찬가지입니다. 고고학자는 과거를 발굴하지만, 그 목적은 단순한 과거 자료의 수집이 아니라 인간의 본성에 대한 새로운 발견에 있습니다. 고고학은 크게 보면 역사학의 범주이지만, 우리가 흔히 생각하는 역사학과 다릅니다. 가장 큰 이유는 바로 고고학이 다루는 자료에 있습니다. 지금도 매일 수백 건의 고고학 논문이 발표되고 수만 건의 유물이 출토됩니다. 그러니 매일 우리가 다루는 자료는 급격하게 바뀌고 있는 것이죠.

반면에 문헌을 중심으로 하는 고대사는 큰 줄기에서 그 내용이 바뀌기는 어렵습니다. 50년 전만 해도 남한의 청동기시대는 기원전 7세기부터 시작했다고 생각했습니다. 지금은 그보다 거의 700년이나 빠른 기원전 15세기부터 시작했다고 여겨지고 있습니다. 대부분의 독자는 역사책에서 '구석기시대에 토기는 없었다'고 배웠을 것입니다. 하지만 30여 년 전부터 구석기시대 토기들이 사방에서 발견되었고, 지금 대부분의 고고학자들은 아직 빙하기였던 2만 년 전부터 토기를 사용했다고 생각하고 있습니다.

그렇다면 과거가 바뀌었을까요? 그렇진 않습니다. 객관적인 과거는 변하지 않습니다. 과거는 이미 지나가버린 시간대입니다. 하지만 결과적으로 우리가 느끼고 배우는 과거는 변합니다. 200년 전만 해도 많은 서양 사람들이 인류의 역사는 6,000년이고 이 세계를 하나님이 창조했다고 생각했습니다. 그리고 불과 50년 전까지만 해도 구석기시대 사람들을 미개하다고 생각했죠. 지금 보면 모두가 틀린 사실입니다.

어떻습니까? 생각이 열리는 기분이 드시나요? 앞으로 얼마나 더 많은 과거의 모습이 밝혀질지 모릅니다. 누구도 확신할 수 없습니다. 바로 이 점이 고고학과 역사학의 가장 큰 차이입니다. 물론, 역사학에서도 새로운 문헌 자료가 등장하고, 또 기존에 알려진 문헌을 다르게 해석하기도 합니다. 하지만 고고학만큼 누구도 예상할 수 없는 자료가 등장하는 일은 정말 드뭅니다. 지금도 고고학계에서는 우리를 둘러싼 물건과 역사에 대해서 새로운 기원을 제시해주는 유물들이 등장합니다. 그렇게 새로운 기원을 찾아가는 과정은 언제나 즐겁습니다.

얼마 전 답사를 끝내고 식사를 하던 중 한 학생이 뜬금없이 제게 물었습니다.

"유적들을 다 발굴하고 나면 미래의 고고학자들은 뭘 먹고 살죠?"

저는 곧바로 대답했습니다.

"걱정 마세요. 그때쯤 되면 학생이나 나도 유물이 되어 있을 겁니다. 그러니 행복하게 오래 살면서 후대의 고고학자에게 많은 유물을 물려주면 됩니다."

지겨울 틈 없이 새로운 자료를 찾고 이야기를 이어가는 고고학자야말로 진정 미래를 꿈꾸는 직업인 것 같지 않은가요? 앞으로도 흥미진진한 고고학자의 이야기는 계속됩니다.

주요 참고 문헌[*]

I. 잔치(Party) - 요리하고 먹고 마시다

[막걸리]

- Patrick E. McGovern, Anne P. Underhill, Hui. Fang, Fengshi. Luan, Gretchen R. Hall, Haiguang. Yu, Chen-shan. Wang, Fengshu. Cai, Zhijun. Zhao, Gary M. Feinman, "Chemical Identification and Cultural Implications of a Mixed Fermented Beverage from Late Prehistoric China", *Asian Perspectives*, 2005;44(2):249-275.
- Viktor Trifonov, Denis Petrov, Larisa Savelieva, "Party like a Sumerian: reinterpreting the 'sceptres' from the Maikop kurgan", *Antiquity*, 2022 96(385):67-84.

[소주]

- 박현희,《소주의 세계사》, 서울대학교출판문화원, 2023.
- 피에르 푸케·마르틴 드 보, 정승희 옮김,《술의 역사》, 한길사, 2000.
- 冯恩学, 〈中国烧酒起源新探〉,《吉林大学社会科学学报》55-1, 2015, pp.163-170.

[김치]

- 한응수, 〈김치의 발생가설과 발전역사〉,《식품산업과 영양》Vol.25 No.2, 한국식품영양과학회, 2020, pp.58-65.
- Xinshuai Qi, Hong An, Aaron P Ragsdale, Tara E Hall, Ryan N Gutenkunst, J Chris Pires, Michael S Barker, "Genomic inferences of domestication events are corroborated by written records in Brassica rapa", *Molecular ecology*, 2017;26(13): 3373-3388.

....

[*] 가독성을 고려해서 대표적인 참고문헌 몇 개를 선별해 수록함을 알립니다.

[삼겹살]

• 강인욱,《옥저와 읍루》, 동북아역사재단, 2020.
• 'Istoriya Salo(살로의 역사)', 〈Istorychna Pravda〉, 2022년 3월 16일자 기사.

[소고기]

• 김동진,《조선, 소고기 맛에 빠지다》, 위즈덤하우스, 2018.
• 박유미, 〈고대사회에서 소가 갖는 사회경제적 위상-고고학·문헌자료를 중심으로〉,《한국민속학》Vol.74, 한국민속학회, 2021, pp.7-48.
• 홍종하·신동훈, 〈유전학적 연구결과를 중심으로 살펴본 동북아시아 소의 기원과 확산〉,《한국상고사학보》Vol.105, 한국상고사학회, 2019, pp.259-277.

[닭]

• 고은별, 〈동아시아 고대사회 닭의 확산과 그 함의: 계림의 흰 닭과 '꿩 대신 닭' 사이의 간극〉,《아시아리뷰》Vol.11 No.1, 서울대학교 아시아연구소, 2021, pp.79-102.
• 김지은·홍종하·이양수·신동훈, 〈동아시아 닭 사육의 확립 과정 및 그 역사적 전개-동물고고학 최신 분석기법의 적용 사례를 중심으로〉,《동양학》Vol.86, 단국대학교 동양학연구원, 2022, pp.95-123.

[상어 고기]

• 국립대구박물관,《상어, 그리고 돔베기》, 국립대구박물관, 2015.
• 김재홍, 〈고대 상어의 고고 환경과 문화권〉,《한국학논총》Vol.46, 국민대학교 한국학연구소, 2016, pp.31-70.

[해장국]

• 헤로도토스, 천병희 옮김,《역사》, 숲, 2009.

II. 놀이(Play) - 놀고 즐기며 유희하다

[고인돌]

• 강인욱 외, 국립전주박물관 편저,《북방 유라시아 제사 고고학의 현황과 과제》, 주

류성, 2018.
- 박정재,《기후의 힘》, 바다출판사, 2021.

[씨름]

- 나영일, 〈한민족 씨름의 문화인류학적 기원〉,《체육사학회지》Vol. 22(1), 한국체육
  사학회, 2017.
- Belenitskiy A. M., Monumental'noye iskusstvo Pendzhikenta, Zhivopis',
  Skul'ptura. M., 1973. (판지켄트의 벽화, 1973)

[축구]

- Earley, C. C., *The Mesoamerican Ballgame. Heilbrunn Timeline of Art
  History*, Metropolitan Museum of Art, 2017.
- Patrick Wertmann, Xinyong Chen, Xiao Li, Dongliang Xu, Pavel E. Tarasov,
  Mayke Wagner, "New evidence for ball games in Eurasia from ca. 3000-year-
  old Yanghai tombs in the Turfan depression of Northwest China", *Journal of
  Archaeological Science: Reports*, 2020;34:102576.

[여행]

- 미야자와 겐지, 김동근 옮김,《은하철도의 밤》, 소와다리, 2015.
- 요하네스 크리우제·토마스 트리페, 강영옥 옮김,《호모 에렉투스의 유전자 여행》,
  책밥, 2020.

[낙서]

- 애니 머피 폴, 이정미 옮김,《익스텐드 마인드》, 알에이치코리아, 2022, 66쪽.
- Rybina, Ye. A., *Berestyanaya gramota No. 206 mal'chik Onfima*, Istoriya
  svoyeobraznaya, Sibirskiye istoricheskiye issledovaniya, 2018(4):130-145. (리
  비나, 아이 온핌의 자작나무 문서 206번)
- Susan Whitfield, *The Silk Road: Trade, Travel, War and Faith*, The British
  Library, 2004.

[개]

- 팻 시프먼, 조은영 옮김, 진주현 감수,《침입종 인간》, 푸른숲, 2017.

- Zhipeng Li, Roderick Campbell, "Puppies for the Ancestors: The many roles of Shang dogs", *Archaeological Research in Asia*, 2019;17:161-172.
- https://www.ncbi.nlm.nih.gov/pmc/articles/PMC5612713/

[고양이]]

- A. F. Haruda, A. R. Ventresca Miller, J. L. A. Paijmans, A. Barlow, A. Tazhekeyev, S. Bilalov, Y. Hesse, M. Preick, T. King, R. Thomas, H. Härke, I. Arzhantseva, "The earliest domestic cat on the Silk Road", *Scientific Reports*, 2020;10(1):11241.
- Claudio Ottoni, Wim Van Neer, Bea De Cupere, Julien Daligault, Silvia Guimaraes, Joris Peters, Nikolai Spassov, Mary E. Prendergast, Nicole Boivin, Arturo Morales-Muñiz, Adrian Bălășescu, Cornelia Becker, Norbert Benecke, Adina Boroneant, Hijlke Buitenhuis, Jwana Chahoud, Alison Crowther, Laura Llorente, Nina Manaseryan, Hervé Monchot, Vedat Onar, Marta Osypińska, Olivier Putelat, Eréndira M. Quintana Morales, Jacqueline Studer, Ursula Wierer, Ronny Decorte, Thierry Grange & Eva-Maria Geigl, "The palaeogenetics of cat dispersal in the ancient world", *Nature Ecology & Evolution*, 2017;1(7):1-7.

Ⅲ. 명품(Prestige) - 부와 아름다움을 추구하다

[실크]
- Boyoung Lee, Elisabete Pires, A. Mark Pollard, James S. O. McCullagh, "Species identification of silks by protein mass spectrometry reveals evidence of wild silk use in antiquity", *Scientific Reports*, 2022;12(1):4579.

[황금]
- Colin Renfrew, "Varna and the social context of early metallurgy", *Antiquity*, 1978;52(206):199-203.
- Verena Leusch, Barbara Armbruster, Ernst Pernicka, Vladimir Slavčev, "On the

Invention of Gold Metallurgy: The Gold Objects from the Varna I Cemetery (Bulgaria) — Technological Consequence and Inventive Creativity ", *Cambridge Archaeological Journal*, 2015;25(1):353-376.

[인삼]

• 강인욱, 〈북한 고조선 연구의 기원과 성립: 리지린의 고조선 연구와 조중고고발굴대〉, 《선사와 고대》 Vol.45, 한국고대학회, 2015, pp.29-58.
• 양정필·여인석, 〈'조선인삼'의 기원에 대하여〉, 《의사학》 Vol.13(1), 대한의사학회, 2004, pp.1-19.
• 蔣竹山, 《人參帝國: 淸代人參的生産'消費与医疗》, 浙江大学出版社, 2015.

Ⅳ. 영원(Permanence) - 영원한 삶을 욕망하다

[추모]

• 河南省文物考古研究院, 《曹操高陵》, 中国社会科学出版社, 2016.

[미라]

• 나탈리아 폴로스막, 강인욱 옮김, 《알타이 초원의 기마인》, 주류성, 2016.

[발굴 괴담]

• 하워드 카터, 김훈 옮김, 《투탕카멘의 무덤》, 해냄, 2004.

[마스크]

• 황젠화, 이해원 옮김, 《삼성퇴의 황금가면》, 일빛, 2002.

• 4쪽 사진은 '국립중앙박물관'에서 공공누리 제1유형으로 개방한 '요령식 동검'을 이용하였으며, 해당 저작물은 '국립중앙박물관, https://www.museum.go.kr'에서 무료로 다운받으실 수 있습니다.